CONTENTS

제우미디어

풀이법

설명의 순서대로 한 번만 따라 칠해보면 로직해법을 마스터할 수 있습니다!

기본 규칙

- 숫자는 '연속해서 칠할 수 있는 칸의 수'를 의미한다.
- 한 줄에 여러 개의 숫자가 있을 때는, 숫자와 숫자 사이에 반드시 한 칸 이상을 띄고 칠해야 한다.
- 칠할 수 없는 칸은 ╳로 표시한다.
- 완성된 숫자는 ○로 표시한다.

1

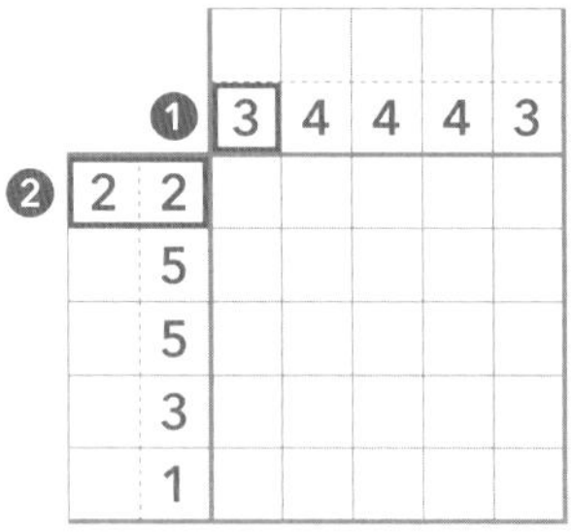

		❶ 3	4	4	4	3
❷ 2	2					
	5					
	5					
	3					
	1					

문제의 크기는 5x5이다.

❶은 세로 다섯 칸 중 세 칸을 연속해서 칠해야 한다는 뜻이다.

❷는 두 칸을 칠한 후, **한 칸 이상을 띄고** 다시 두 칸을 칠해야 한다는 뜻이다.

2

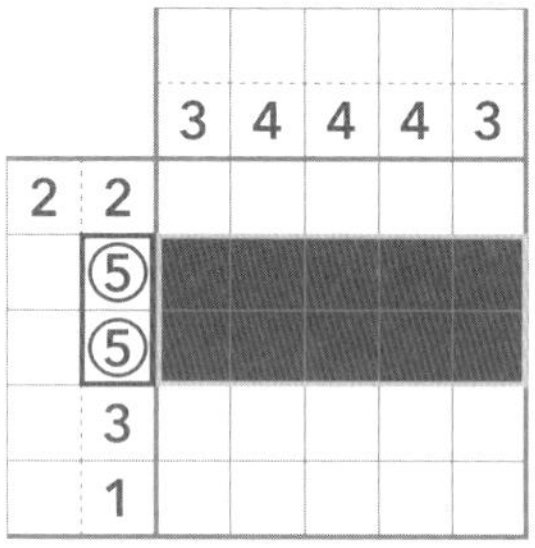

		3	4	4	4	3
2	2					
	⑤					
	⑤					
	3					
	1					

5는 다섯 칸을 연속해서 칠해야 한다. 다섯 칸을 모두 칠하고, 완성 된 5에 ○로 표시한다.

3

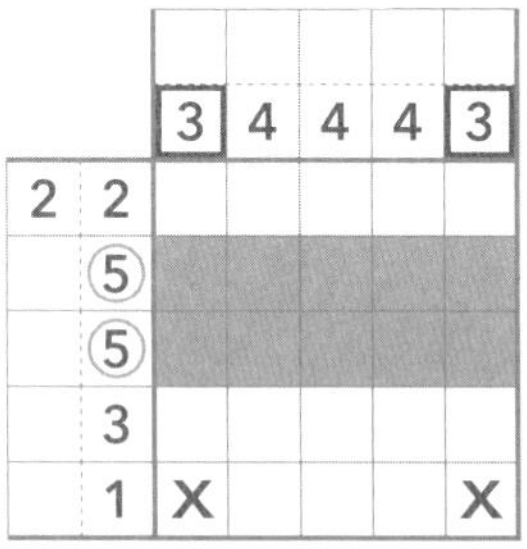

		3	4	4	4	3
2	2					
	⑤					
	⑤					
	3					
	1	X				X

위쪽의 3은, 세 칸이 연속해서 칠해져야 하니 맨 밑줄은 칠할 수 없게 된다. X로 표시한다.

4

		3	4	4	4	3
2	2					
	⑤					
	⑤					
	3					
	1	X				X

위쪽의 4는, 네 칸이 연속해서 칠해져야 한다. **경우의 수를 따져보면** 네 번째 줄을 칠할 수 있다.

잠깐!

이 경우, 세 칸을 연속해서 칠할 수 있는 경우는 A, B 두 경우이다. 그러므로 칠할 수 없는 마지막 칸은 X로 표시한다.

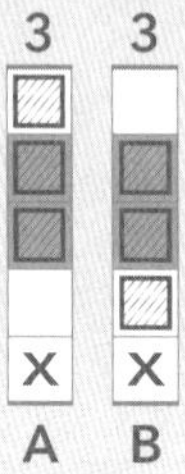

잠깐!

이 경우, 네 칸을 연속해서 칠할 수 있는 경우는 A, B 두 경우이다. 여기서 네 번째 칸은 무조건 칠해진다.

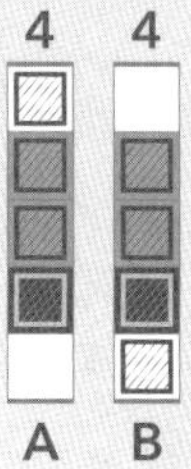

5

왼쪽의 3이 완성되었으니 숫자에 ○로 표시하고, 네 번째 줄의 양 옆을 ×로 표시한다.

6

위쪽의 3을 다시 보면 네 번째, 다섯 번째 칸이 ×로 표시되어 있다. 그럼 첫 번째 칸을 칠해야 3이 완성된다. 완성된 3은 ○로 표시한다.

7

왼쪽의 2는 두 칸이 연속해서 칠해져야 하니, 두 번째 칸과 네 번째 칸을 칠할 수 있다. 세 번째 칸은 ×로 표시하고, 완선 된 2는 ○로 표시한다.

8

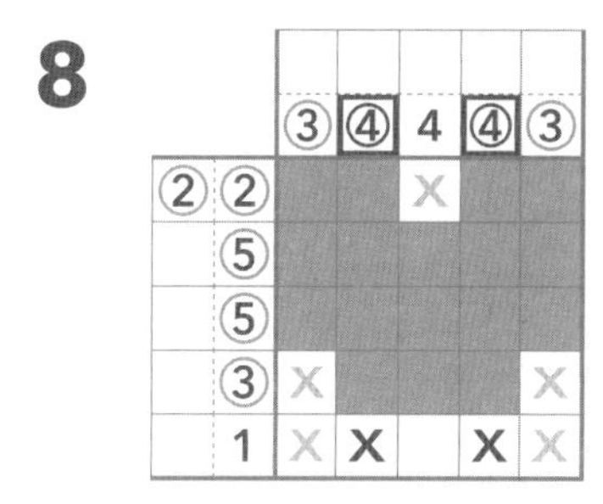

이렇게 되면 위쪽의 두 번째, 네 번째가 완성된다. 완성된 4를 ○로 표시하고 맨 밑줄은 ×로 표시한다.

9

이제 남은 것은 위쪽의 4와 왼쪽의 1이다. **맨 밑줄의 남은 한 칸을 칠하면**, 위쪽의 4이자 왼쪽의 1이 완성된다.

잠깐!

네모 로직의 문제 크기가 큰 경우, **큰 숫자부터 공략하는 것**이 쉽다.
예를 들어 문제가 10x10이고 한 줄인 열 칸 중에서 아홉 칸을 연속해서 칠해야 할 때,
전체 칸 수(10) - 해당 칸 수(9) = **빈 칸 수(1)**
이 공식을 이용하면 경우의 수를 쉽게 풀 수 있다. 여기서는 1이 나왔으니 **위아래 한 칸씩**을 비우고 가운데 여덟 칸을 칠한다.

중요한 로직 풀이 TIP!

문제의 크기가 큰 로직 중에는 위의 설명만으로 해결되지 않는 것이 있다. 그럴 때 이것만 기억해 두면 손쉽게 풀 수 있다.

위에서부터 칠했을 때와 아래에서부터 칠했을 때 겹쳐지는 칸이 어디인지를 찾는다. 이때 숫자의 순서는 반드시 지켜야 하며 점을 찍어가며 생각하면 편하다.

❶ 한 칸에 점을 찍고, 한 칸 띄고 6칸에 점을 찍는다.
❷ 뒤에서부터 6칸에 점을 찍고, 한 칸 띄고 한 칸에 점을 찍는다.
❸ 겹치는 부분을 찾아 칠한다.

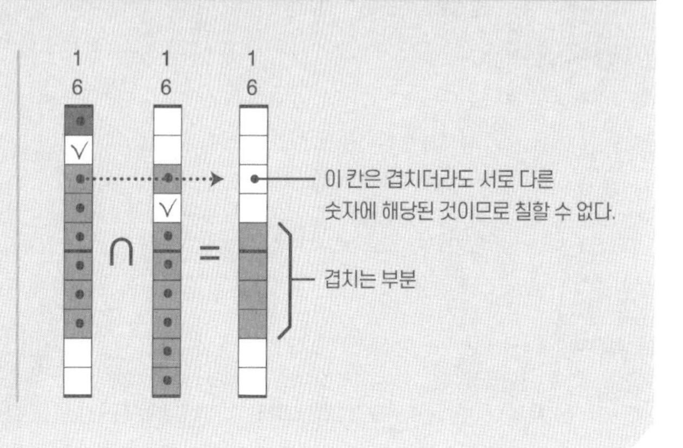

네모네모 로직® 플러스4

초판 1쇄 펴냄 2021년 6월 18일

편　　저 | 제우미디어
발 행 인 | 서인석
발 행 처 | 제우미디어
등 록 일 | 1992. 8. 17
등록번호 | 제 3-429호
주　　소 | 서울시 마포구 독막로 76-1 한주빌딩 5층
전　　화 | 02) 3142-6845
팩　　스 | 02) 3142-0075

I S B N | 979-11-6718-011-7
978-89-5952-895-0 (세트)

이 책의 모든 저작권은 (주)제우미디어에 있습니다.
이 책의 내용 중 전부 또는 일부를 무단 복제, 복사, 전재시 저작권법에 저촉됩니다.

만든 사람들

출판사업부 총괄 손대현
편집장 전태준 | **책임편집** 황진희 | **기획** 홍지영, 안재욱, 신한길, 양서경
영업 김금남 | **문제 디자인** 나영 | **표지·내지 디자인** 디자인그룹올 | **표지·내지 조판** 디자인수

※ 값은 뒤표지에 있습니다.
※ 파본은 구입하신 서점에서 교환해 드립니다.

A1

누르면 시작해요

난이도

★☆☆☆☆

15×15

					1	1	1	1	1	1				
1	1	1	1	1	3	3	4	4	5	5	1	1	1	1
9	11	11	11	11	3	3	4	4	5	5	11	11	11	9
1	1	1	1	1	1	1	1	1	1	1	1	1	1	1

	15
	0
	13
	15
	15
5	8
5	6
5	4
5	6
5	8
	15
	15
	13
	0
	15

A2

비타민 A가 풍부해요

난이도

★☆☆☆☆

15×15

											3	2	1	
	12	10	8	6	5	4	3	3	4	1	1	1	2	3
15	1	1	2	2	3	3	4	5	5	6	7	10	10	11

	10	4
10	2	1
10	1	2
7	2	2
6	1	1
	5	3
	4	3
	4	3
	3	4
	3	5
	2	7
	2	8
	1	10
	1	12
		15

A3

영국에서는 '스위츠'라고 부른대요

난이도 ★☆☆☆☆

15×15

Column clues (left to right, top to bottom):

1. 3
2. 3 1
3. 1 5
4. 3 3 4
5. 1 4 2 1
6. 7 2 1
7. 3 3 2
8. 3 2 2
9. 2 3 3
10. 1 2 4
11. 3 3 3
12. 7 1
13. 1 1 2
14. 1 2
15. 4

Row clues (top to bottom):

1. 3
2. 3 1
3. 1 1 1
4. 2 5
5. 1 8
6. 8 2
7. 4 4
8. 1 4 1
9. 7 2
10. 5 6
11. 1 4 1
12. 7 2 1
13. 5 2
14. 1 2
15. 3

A4

보글보글

난이도 ★☆☆☆☆

15×15

Column clues (left to right, top to bottom):

1. 6
2. 3 1 4
3. 2 1 1 2
4. 1 2 1 1
5. 1 1 1 2
6. 3 1 1 2
7. 1 3 1 1 2
8. 1 3 1 1 2
9. 4 1 1 2
10. 1 1 1 3
11. 1 1 6
12. 2 8
13. 2 8
14. 9
15. 5

Row clues (top to bottom):

1. 3
2. 1 1
3. 10
4. 2 4 2
5. 2 2 3
6. 2 2
7. 1 2 4
8. 2 12
9. 1 1 4
10. 2 11
11. 1 4
12. 1 4
13. 2 5
14. 11
15. 7

A5 + A6

앗! 흘리겠어요!

난이도

★☆☆☆☆

15×15

Column clues (top grid):

8	8	1 7	2 7	3 6	8	2 4	7	5	5	4	7	2 3	5	0

Row clues (top grid):

Row clues
3
1 3
2 3
4 3
6 1
6 1
9
10
12
4 7
6
3 1
3
3
3

+

15×15

Row clues (bottom grid, printed sideways):

Row clues
3
9
1 2 1
1 3 1
9
9
9
7
5
1 1
10 4
1 1
3 3
2 3
9

Column clues (bottom grid, printed sideways):

1	1	1	1	1	1	6 1 2	1 4 1 3	1 5 1 1 1	1 9 1	2 6 1	13 1	9 1 3	1 4 1 3	6 1 2

A7

나를 지켜요

난이도

★☆☆☆☆

20×20

열	1	2	3	4	5	6	7	8	9	10	11	12	13	14	15	16	17	18	19	20
힌트	12	14	3 3	3 7 2	3 2 3 2	3 1 2 2 1	2 1 4 2 2	2 2 5 2 1	1 1 1 4 2 1 2	1 2 10 2 1	1 2 10 2 1	1 1 1 4 2 1 2	2 2 5 2 2	2 1 4 2 2	3 1 2 2 1	3 2 3 2	3 7 3	3 2	14	13

행	힌트
1	20
2	8 8
3	6 2 6
4	2 6 2
5	2 4 4 2
6	2 2 2 2 2
7	2 1 4 1 2
8	2 1 2 2 2 1 2
9	2 1 10 1 2
10	2 1 10 1 2
11	2 1 8 1 2
12	2 2 6 2 2
13	1 1 2 1 2
14	2 2 4 2 2
15	1 2 4 2 2
16	2 2 2 1
17	2 6 2
18	3 2 3
19	3 3
20	5

A8

손으로 말해요

난이도

★☆☆☆☆

20×20

열	1	2	3	4	5	6	7	8	9	10	11	12	13	14	15	16	17	18	19	20
힌트	20	6 12	6 9	8 7	10 5	8 3 3	7 2 2	9 1	6 5	6 1	9 2 3	1 4 2	2 1	9 2	13 1	12 3	9 4	8 7	8 11	20

행	힌트
1	20
2	11 8
3	11 7
4	11 7
5	11 7
6	11 7
7	1 5 1 7
8	1 3 1 1 7
9	2 1 2 2 4 1
10	2 2 1 1 2 2
11	2 1 1 1 2 2
12	3 2 1 2 2 2
13	3 5 2 2
14	4 3 3
15	4 1 3
16	5 1 3
17	5 1 4
18	6 1 5
19	7 6
20	7 5

A9 + A10

하늘을 날 수 있어요

난이도

★½☆☆☆

20×20

Column clues (A9):

Col	Clue
1	3
2	1 2 2
3	2 2 3
4	2 3 1 4 1
5	3 1 1 5 1
6	3 4 9
7	5 2 6
8	3 1 3
9	2 1 1 3 3
10	2 1 4
11	2 1 1 4
12	3 1 4 2
13	6 3 4
14	2 1 1 5
15	3 4 3
16	2 1 1 4
17	1 2 2 1 2
18	2 2 5
19	1 2
20	3

Row clues (A9):

Row	Clue
1	3 6 3
2	13
3	3 4 4 3
4	1 2 1 1 1 1 2 1
5	1 1 1 1 2 2
6	1 5 4 2
7	2 1 3 1 2
8	4 3
9	2 3
10	1 1
11	1 1
12	5 1
13	10
14	15
15	4 7 1
16	4 6 1
17	5 3
18	2 1 1 2
19	5 1 1
20	1 1

+

20×20

Side clues (A10, printed sideways):

Row	Clue
1	10
2	3 3
3	3 8 3
4	2 12 2
5	1 14 1
6	1 16 1
7	1 16 1
8	1 16 1
9	1 14 1
10	2 11 2
11	3 7 2
12	5 4
13	2 15
14	2 2 2 2
15	1 1 2 2 1 1
16	2 2 2 2
17	2 2
18	4 4
19	1 2 1 2
20	2 2

Bottom clues (A10, printed sideways):

Col	Clue
1	8 2
2	2 5 1
3	1 3 5
4	2 5 1
5	1 6 2 2
6	2 7 7 1
7	1 8 8
8	1 9 1 2
9	1 9 1
10	1 9 1
11	1 9 1
12	1 9 1
13	1 9 1
14	1 9 1 2
15	2 7 6 1
16	1 7 9
17	2 5 2 2
18	1 3 5
19	2 5 1
20	7 2

A11

색을 칠해요

20×20

난이도

★⯪☆☆☆

Column	Clues
1	6 4 3
2	6 4 2 2
3	6 2 1 3
4	6 7
5	7 8
6	7 9
7	6 3 3 2
8	5 4 1 1
9	4 2 2 3
10	3 2 1 2
11	2 4 2 1
12	1 4 4 3
13	1 5 2 2 2
14	2 4 2 1 3
15	2 6 1 3
16	1 4 5
17	2 2 2 5
18	1 2 3 3
19	2 2 5
20	3 7

Row	Clues
1	13 3
2	11 2 3
3	10 2 2
4	9 3 1
5	8 5 2
6	7 8 2
7	2 2 8 1
8	1 4 2
9	2 3 2 3
10	3 5 1 4
11	3 2 2 2 4
12	2 1 2 3 2
13	3 2 2 1
14	9
15	4
16	5 5
17	2 4 2 3
18	1 5 1 5
19	6 7
20	4 5

A12

깊이 빠지면 하루가 후딱 가요

20×20

난이도

★⯪☆☆☆

Column	Clues
1	12
2	3 3
3	1 2 2
4	2 3 1
5	3 3 1
6	7 1 1
7	9 1 1
8	6 2 1 1
9	5 1 2 1 1
10	5 2 1 5
11	5 1 1 1 4
12	4 1 1 1 1
13	5 1 5 1 1
14	5 2 1 1 4 1
15	4 1 2 1 1 1
16	7 1 3
17	5 3 1
18	7 2
19	5 3
20	7

Row	Clues
1	7
2	10
3	11
4	12
5	7 5
6	4 2
7	4 3 4
8	3 2 1 1 3
9	2 2 1 1 1
10	3 2 2 1 1
11	1 2 2 2 2
12	1 1 5 4
13	1 2 3 3
14	1 1 1 3
15	1 1 2 2
16	1 5 1 2
17	1 5 1
18	2 2 3 2
19	3 2 1 3
20	20

A13

착즙해서 마셔요

난이도 ★☆☆☆☆ (1.5)

20×20

Column	Clues
1	15
2	3 2 5
3	2 4 2 4
4	2 3 2 2 3
5	1 1 2 3 2 3
6	1 2 1 1 1 2
7	1 1 2 3 2 2
8	1 2 1 2 2 1 1
9	1 1 2 3 1 1 1
10	1 2 4 1 2 1
11	2 1 1 2 2 1 1
12	2 1 3 2 1 1 1
13	1 2 1 1 2 1 1 1
14	2 3 2 3 1 2
15	1 2 1 1 1 1
16	2 2 1 2 2 1
17	2 2 1 3 1 2
18	1 5 4
19	2 4
20	10

Row	Clues
1	9
2	2 4
3	2 5 3
4	2 3 1 4 2
5	2 1 1 3 2
6	1 3 2 3 1
7	1 1 3 1 3 2 2
8	1 1 6 2 1
9	1 2 2 3 1 1
10	1 2 2 1 5 1
11	2 1 2 2 1 1
12	3 3 2 2 1
13	1 2 2 2 2 1
14	1 2 4 4 2
15	2 3 4 3
16	2 4 5
17	3 7 2
18	5 2
19	6 4
20	12

A14

딸랑딸랑~

난이도 ★☆☆☆☆ (1.5)

20×20

Column	Clues
1	1 5
2	2 7
3	3 2 3
4	3 8 4
5	3 3 2 2 2
6	5 1 1 1
7	6 1 2 1
8	1 2 1 1 1
9	1 3 1 1 4
10	5 1 4 2
11	4 1 1 1 1
12	6 1 4 2
13	3 2 1 1 4
14	3 1 1 2
15	5 1 1 2
16	3 3 2 3
17	2 1 7
18	1 2 2 3
19	2 4
20	8

Row	Clues
1	4 2
2	2 1 4
3	4 5
4	9
5	11
6	5 7
7	6 4
8	4 1
9	1 2
10	1 1
11	1 11
12	4 2
13	3 2
14	2 8 1
15	1 4 1 3 1
16	2 3 3 2 1
17	2 2 2 2 1 2
18	4 1 1 5
19	5 2 9
20	20

A15

우리 모두 실천해야죠

난이도

★⯪☆☆☆

20×20

Column	Clues
1	6
2	1 4 2
3	2 7 2
4	4 8 2
5	2 7 1 1
6	2 5 1 1
7	2 7 1 1
8	3 2 5 1 1
9	6 5
10	5 2
11	8 2
12	7 4
13	6 6
14	5 2 7
15	6 4 4
16	8 2 4
17	2 6
18	2 5
19	2 5
20	7

Row	Clues
1	5
2	7
3	2 6 2
4	2 8
5	2 8
6	2 2 6
7	2 2 7
8	3 9
9	7 4
10	6 2 2
11	7 2 1
12	8 2 1
13	5 2 2 1
14	4 1 2 2
15	1 2 2 4
16	1 6 9
17	2 1 9
18	2 1 9
19	2 1 7
20	6 2

A16

너무 오래 놔두지 말아요

난이도

★★☆☆☆

20×20

Column	Clues
1	6
2	7 2
3	3 4 1
4	1 2 2 1
5	1 5 1
6	1 4 1
7	2 1 3 1
8	5 5 1
9	2 1 3 1 1
10	1 1 1 3 1
11	1 1 3 1
12	1 1 4
13	1 2 7 2
14	1 5 2
15	1 4 1
16	2 6 4
17	2 6
18	8
19	6
20	6

Row	Clues
1	8
2	2 2
3	1 2
4	1 1
5	2 5
6	11 5
7	1 2 5
8	2 1 5
9	1 1 5
10	1 2 5
11	1 2
12	1 1 1
13	1 1 1
14	2 8 1 1
15	1 4 2 1 1 2
16	1 1 7 1 1
17	1 6 1 1 1
18	1 3 4 1 3
19	2 3
20	12

A17

울리면 비켜줘요

난이도

★★☆☆☆

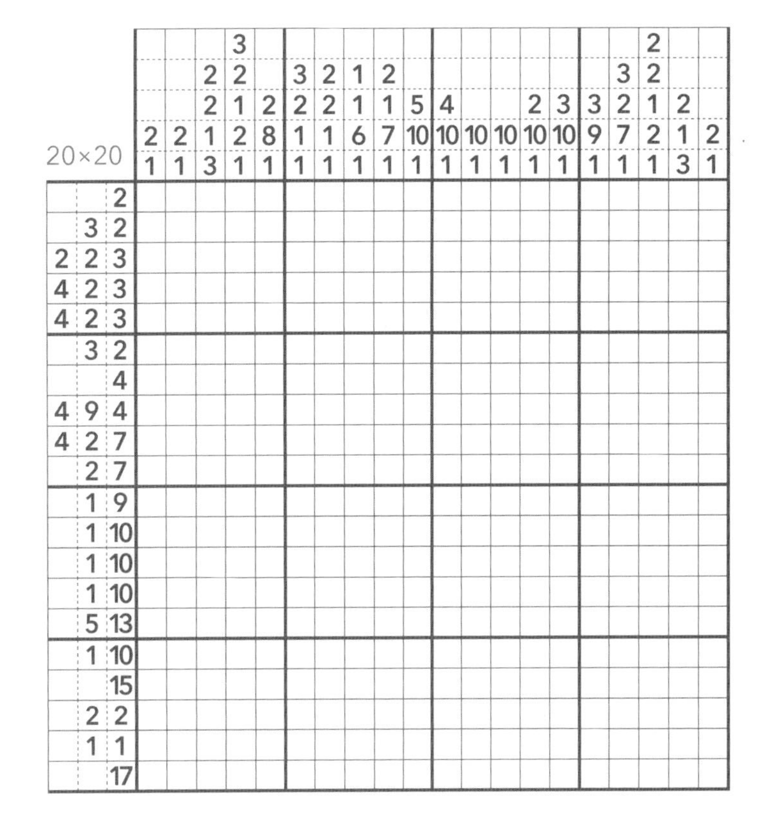

A18

머리를 예쁘게 묶어볼까요?

난이도

★★☆☆☆

20×20

Column clues (left to right):

1. 2 3 3
2. 14
3. 17
4. 9 3 3
5. 7 2 2
6. 5 2 2
7. 6 2 1 6
8. 6 2 8
9. 5 2 1 5
10. 5 2 1 5
11. 3 1 2 1 5
12. 5 2 7
13. 5 2 8
14. 6 2 1 6
15. 5 2 2
16. 11 2
17. 9 2 4
18. 2 13
19. 12
20. 3 2

Row clues (top to bottom):

1. 8
2. 12
3. 14
4. 8 7
5. 8 7
6. 6 4
7. 4 2
8. 5 2 2 3
9. 4 2 1 2 4
10. 3 1 1 4
11. 5 4 4
12. 3 2 2 2 3
13. 4 3 3 4
14. 3 6 4
15. 3 2 3 2
16. 3 10 3
17. 3 16
18. 5 8 4
19. 3 8 3
20. 3 8 3

A19

키토산이 풍부해요

난이도

★★☆☆☆

20×20

Column	Clues
1	4
2	1 4
3	1 1 1 3 2
4	3 2 5
5	3 6 2
6	3 1 1
7	3 2 1
8	4 1 5
9	1 4 2 2 1
10	3 3 2 2 1
11	3 3 2 1 1
12	1 4 5
13	2 6 2
14	1 1 1 3 1
15	3 1 1 1 2 1
16	4 2 2 1 1 1
17	9 1 1 2
18	9 2 4
19	13 5
20	20

Row	Clues
1	2 7
2	3 6
3	6 2 6
4	9 5
5	2 2 2 4
6	2 6
7	2 5
8	3 4
9	2 3 4
10	2 2 2 1 2
11	1 1 1 7 2
12	1 1 1 2 2 2
13	3 1 1 3 3
14	1 2 1 6 1
15	1 4 1 2 1
16	3 9 2
17	2 2 1 6
18	2 1 1 3
19	4 2 4
20	13

A20

쳐다보면 멍~해져요

난이도

★★☆☆☆

20×20

Column	Clues
1	2
2	2 3
3	3 5
4	8 1 3
5	9 2 1
6	10 2
7	4 2 2
8	6 4
9	9 3
10	4 2 6
11	4 2 2
12	5 1 2
13	6 7
14	3 2 2
15	7 3 1
16	12 2
17	8 2 2
18	5 1 3
19	2 5
20	2 3

Row	Clues
1	2 1
2	2 3
3	4 2
4	2 6 2
5	3 3 7 2
6	7 6 2
7	7 7
8	7 1 4
9	3 2 1 4
10	3 1 3
11	3 3
12	2 3
13	3 3
14	4 5
15	2 6 3
16	3 4 2 2
17	2 2 1 4 3
18	3 2 1 1 5
19	5 4 3
20	2 4

A21 입술에 거품이 묻어요

난이도 ★☆☆☆☆ (1.5/5)

25×25

Column clues (left to right, top to bottom)

Column	Clue
1	13
2	3 6
3	5 3 3
4	5 6 2
5	2 2 1 3 2
6	5 2 1 2 2
7	2 2 2 1 2 1
8	5 2 1 1 4 1 1
9	3 2 3 1 8 1
10	1 2 1 2 1 8 1
11	2 1 2 2 1 8 1
12	1 2 2 2 1 8 1
13	4 2 3 8 1
14	3 3 3 8 1
15	2 2 3 8 1
16	3 2 3 7 2
17	1 3 2 7 2
18	7 7 1
19	5 5 2
20	2 4
21	10 3
22	1 5 4
23	1 3 5
24	2 7
25	13

Row clues (top to bottom)

Row	Clue
1	3
2	1 3
3	3 2
4	1 5
5	2 5
6	4 3
7	1 5 1 1
8	2 4 2
9	4 7
10	3 4 6
11	3 6 4
12	4 16
13	1 5 7 1 2
14	1 12 2 1
15	1 2 2 3 1
16	1 17 3 1
17	1 2 11 3 1
18	2 1 12 2 1
19	2 2 12 1 2
20	2 2 11 2 3
21	3 2 11 1 4
22	4 2 9 7
23	5 9 7
24	1 2 3 5
25	12 2

A22 방향을 알 수 있어요

난이도 ★★☆☆☆

25×25

Column clues (left to right, top to bottom)

Column	Clues
1	8 8
2	6 12
3	5 5 6
4	4 3 3
5	3 3 3 3
6	3 2 3 3
7	2 3 1 2
8	1 2 3
9	4 2
10	4 2 2
11	4 6 2
12	1 2 2 5 3 2 2
13	1 2 7 1 4 2
14	1 2 2 5 3 2 2
15	4 6 2
16	4 2 2
17	4 2
18	1 2 3
19	2 3 2
20	3 2 1 3
21	3 3 3 2
22	4 3 3 4
23	5 4 6
24	6 13
25	7 9

Row clues (top to bottom)

Row	Clues
1	8 7 8
2	7 3 3 7
3	6 9 6
4	4 13 4
5	3 5 5 3
6	2 4 3 4 2
7	1 3 3 3 1
8	1 2 1 3
9	2 1 2
10	2 3 3
11	3 3 2
12	2 5 2
13	2 2 2 2 2 2
14	2 3 7 3 2
15	2 2 2 2 2 2
16	2 1 1 2
17	3 2 2 3
18	3 1 1 3
19	2 3 2
20	3 1 3
21	3 3 2
22	4 3 4
23	4 5
24	15
25	11

A23 태국 여행가면 꼭 마셔봐요

난이도 ★☆☆☆☆

25×25

Column clues (left to right, top to bottom):

Col	Clue
1	5
2	4
3	8 2
4	3 12 1
5	1 1 14
6	1 2 2 3 8
7	1 1 1 2 9
8	2 1 1 1 1 8
9	1 7 2 6
10	1 7 1 8
11	2 2 1 5
12	9 1 7
13	1 4 1 5
14	1 1 4 1 4
15	1 1 4 1 5
16	2 1 4 1 4
17	3 1 4 1 6
18	3 7 1 4
19	3 2 2 1 2 4
20	5 1 1 3
21	5 2 1 3 1
22	6 4 4 2
23	4 7 3
24	3 5
25	2 5

Row clues (top to bottom):

Row	Clue
1	1
2	2
3	7
4	5 10
5	1 4 8
6	3 2 6
7	4 1 2 3
8	2 1 2
9	2 7
10	5 1 2
11	2 2 10
12	2 3 7 2
13	3 11 1
14	5 9 2
15	7 5
16	3 11 1
17	5 1
18	6 1 1
19	6 1 1 2
20	8 1 1 2
21	1 11 1 1 1 2 2
22	2 19 2
23	2 18 3
24	3 16 4
25	4 12 5

A24 세균을 물리쳐요!

난이도 ★★☆☆☆

25×25

Column clues (top to bottom):

Column	Clues
1	11
2	10
3	8
4	6
5	5
6	4
7	6
8	2 3 1
9	2 2 2 2
10	2 1 2 2 2
11	2 2 1 4 1 3
12	3 2 7 1 3
13	2 2 1 2 1 1
14	2 1 3 2 1 1
15	2 2 1 1 2 1 1
16	2 6 1 4 2 1
17	4 2 1 2 2 1
18	2 1 2 1 1 2 1
19	4 2 1 2 3 1
20	2 6 1 1 2 1 1
21	2 5 1 3 1 1
22	2 1 1 1
23	3 8 1
24	2 2
25	16

Row clues (left to right):

Row	Clues
1	10
2	11
3	2 1 1
4	5
5	1 1 2
6	2 1 2
7	2 1 1 2
8	1 1 9
9	2 12
10	2 3
11	1 1 1
12	3 1 1
13	2 3 8 1
14	1 2 1 1 1
15	8 3 1 1 1
16	16 3 1 1
17	9 4 1 1 1
18	7 5 1 1 1
19	5 6 1 1 1
20	4 2 1 1
21	3 3 1 1
22	3 7 1
23	2 6 1
24	2 5 2
25	1 17

A25 운동장에서 뒤뚱뒤뚱 걸어요

난이도 ★★☆☆☆

25×25

Column clues (left to right, top to bottom):

Column	Clues
1	6
2	6
3	6 3
4	6 5
5	4 8
6	2 1 7 3
7	5 3 11
8	3 3 6 4
9	4 1 1 5 3
10	6 1 6 4
11	5 5 1 5
12	3 1 3 2 2
13	3 1 1 1 3 2 2
14	3 1 3 10
15	2 2 2 6 3
16	3 1 2 5 1 3
17	15 4
18	1 2 6 5
19	5 3 2 2 3
20	3 3 5
21	2 3
22	6
23	6
24	6
25	6

Row clues (top to bottom):

Row	Clues
1	8
2	10
3	8 2
4	5 3
5	2 2 1 3 2
6	3 2 1 1 2
7	1 2 1 2 6
8	5 4 5 5
9	5 2 5 1 4
10	4 1 1 1 2 4
11	4 2 2 2 9
12	4 1 1 10
13	5 1 2 10
14	2 2 1 3
15	16
16	8 5 2
17	7 2 1
18	7 2 1
19	5 4 1
20	4 4 2
21	1 2 1 2
22	3 2 2 2
23	6 6
24	7 6
25	6 4

A26 실내에서도 신는 신발이에요

난이도 ★★☆☆☆

25×25

Column clues (left to right, top to bottom):

Column	Clues
1	6
2	3 2
3	1 1 5
4	2 2 3 3
5	1 2 3 2
6	2 1 2 2
7	1 1 2 1
8	1 3 1
9	2 2 1
10	1 3 1
11	1 2 5 1
12	7 5 2
13	2 1 2 3 2 2
14	4 1 4 2 3
15	3 4 2 2
16	3 3 2 2
17	3 3 4
18	3 3 3
19	2 4 3
20	2 3 3
21	2 3 3
22	3 5 3
23	3 6 4
24	17
25	16

Row clues (top to bottom):

Row	Clues
1	17
2	4 14
3	3 2 5 4
4	3 4 2
5	2 1 2
6	2 1 3
7	1 2 4
8	1 2 7
9	1 1 9
10	2 12
11	4 9 4
12	13 2
13	7 2
14	2 3 2
15	2 3 3
16	2 2 3
17	1 2 4
18	2 2 4
19	1 2 4
20	2 4
21	1 3
22	1 3
23	2 3
24	4 4
25	11

A27 손님이 오기전에 끝내요

난이도

25×25

Column	Clues
1	2 3
2	2 5
3	1 4
4	3 4
5	3 4 4
6	2 1 8 3
7	1 2 9 3
8	3 6 7
9	7 1 2
10	2 1 1 1 2
11	6 2 1 1 2 2
12	2 3 2 1 2
13	2 1 2 1 1
14	3 3 3 3 2
15	3 3 14
16	6 2 10 2
17	4 1 12 2
18	2 2 15
19	1 3 10
20	13
21	9 2 1
22	7 4
23	6 3
24	2 1 4
25	4

Row	Clues
1	7
2	10
3	2 5
4	1 2
5	2 1 1
6	2 2 4
7	3 4 2
8	1 1 2 3 1
9	1 3 2 2 2
10	3 2 1 1
11	7 6
12	1 1 7
13	1 2 9
14	18
15	3 10
16	2 2 10
17	2 3 10
18	4 10
19	6 10
20	1 5 2 7 2
21	3 3 2 1 1 2 1
22	5 1 1 1 1 2 2
23	8 2 1 1 4
24	8 2 5 4
25	6 5 4

A28 빨간색은 사랑의 고백이란 뜻이래요

난이도 ★★☆☆☆

25×25

1	2	3	4	5	6	7	8	9	10	11	12	13	14	15	16	17	18	19	20	21	22	23	24	25
								2										1						
	6	2	3	2	2	4	1	2	5							2	3	2				5		
	2	2	2	4	3	1	2	2	2	2					6	2	1	6	2	4	2	3		
6	4	2	2	8	12	3	2	3	3	3	6	4	8	3	2	3	3	4	18	2	2	8	11	6
4	4	6	5	3	1	6	8	4	4	4	4	4	4	8	5	5	4	2	1	6	7	1	2	5

Row	Clue
1	3 3
2	6 2 3
3	3 1 1 4 3
4	1 1 2 2 1 3 1
5	1 2 1 1 2 1
6	1 2 1 1 1 1
7	1 1 1 1 1 2
8	2 1 2 2 2 3
9	2 1 2 2 5 1
10	5 3 2 2
11	2 5 2 2
12	1 2 3 1 2 2 2
13	2 5 2 2 2 2
14	3 3 1 3 2 2
15	1 5 2 1 2 1 2
16	1 3 1 1 2 1 3
17	2 2 2 1 4 3
18	1 1 2 2 3 3
19	1 1 2 1 2 3
20	2 3 1 6
21	2 2 3 4 1
22	4 12 3 1
23	5 12 3 1
24	5 13 2 2
25	21 3

A29 마르지 않게 뚜껑을 잘 닫아요

난이도 ★★☆☆☆

25×25

Column clues (left to right, top to bottom)

Col	Clues
1	10 6
2	10 4 3
3	10 2 2 3
4	10 2 2 3
5	5 4 1 2 3
6	5 5 3 2 2
7	5 3 2 2 2 1
8	4 4 2 2 1
9	4 3 2 3
10	2 4 2 1 3
11	2 4 2 2 3
12	2 4 2 1 3
13	1 2 2 4
14	9 2 1 4
15	2 2 2 5
16	2 6 1 4
17	1 6 2 5
18	1 6 2 1 6
19	8 4 5
20	9 2 5
21	10 5
22	11 5
23	8 3 5
24	8 3 5
25	8 7

Row clues (top to bottom)

Row	Clues
1	25
2	12 3 7
3	9 1 8
4	10 1 8
5	7 1 1 8
6	4 2 1 9
7	5 2 1 9
8	6 2 1 9
9	7 2 1 2 3
10	7 1 2 3
11	3 1 3 3
12	3 1 1 2 3
13	2 3 2 2 2
14	2 4 4 2 1
15	1 1 6 3 1
16	2 2 3 3 2
17	3 2 3 4
18	1 2 2 3 6
19	1 2 3 7
20	2 2 8
21	3 2 9
22	3 2 9
23	3 12
24	3 10
25	11

A30 크림이 적으면 서운해요

난이도 ★★☆☆☆

25×25

Column clues (left to right, top to bottom)

Column	Clues
1	8
2	4 4
3	2 3
4	4 2 2
5	2 1 4 2
6	2 2 5 2
7	1 1 5 2
8	2 1 4 2
9	1 1 5 2
10	1 1 6 1
11	3 1 6 1
12	1 2 1 6 1
13	2 1 2 5 1
14	1 1 1 4 1
15	1 2 2 1
16	3 1 2 2
17	1 2 2 2 2
18	1 1 1 2 3
19	2 1 2 8
20	4 2 2 4
21	1 1 2 4 6
22	1 2 2 11
23	2 2 3 10
24	24
25	17

Row clues (top to bottom)

Row	Clues
1	4
2	2 2
3	5 1
4	1 3 1
5	5 3
6	3 4 2
7	1 2 1
8	5 2 1
9	3 4 4
10	2 3 3
11	2 3 3
12	1 2 2
13	1 8 2 2
14	4 3 1 2
15	2 2 2 2
16	1 2 5
17	1 2 4
18	2 7 2 4
19	1 9 1 4
20	1 11 1 5
21	1 11 1 5
22	2 3 6 7
23	3 5 8
24	9 10
25	25

A31 아름다움을 그려요

난이도 ★★☆☆☆

25×25

Column clues (top to bottom, columns 1–25)

1	2	3	4	5	6	7	8	9	10	11	12	13	14	15	16	17	18	19	20	21	22	23	24	25
							2	1	4	3				2	5	2	3	5						
4	10	4			4	3	2	2	3	1	6	1		2	1	3	3	1	7	9				
1	1	7	3	2	2	2	2	1	2	1	1	3	1	2	1	10	7	7	2	2	18	15		
3	4	4	7	11	9	8	2	2	2	6	6	3	1	2	10	2	2	4	6	3	2	3	15	11

Row clues (left to right, rows 1–25)

Row	Clues
1	2 5
2	2 5 7
3	7 1 1 5
4	5 1 1 4
5	4 2 1 4
6	2 2 1 2 3
7	2 3 2 7
8	3 2 1 4 3
9	2 7 2 3
10	2 1 1 1 4
11	3 3 3 1 4
12	2 4 3 4
13	4 1 3 4
14	3 3 9
15	2 2 9
16	4 5 3 4
17	6 2 3 4
18	2 3 3 3 1 4
19	3 9 3 1 4
20	2 5 2 3 1 3
21	2 3 2 1 2 2
22	3 1 2 1
23	3 1 3 2
24	3 5 4
25	4 3

A32 침대에 누워있는 내 친구

난이도 ★★☆☆☆ (2.5)

25×25

Column clues (left to right, top to bottom):

Column	Clues
1	17
2	12 2
3	7 2 3 1
4	5 1 4
5	3 4 1 3
6	2 1 4 3
7	1 9 4 2
8	1 2 2 1
9	3 2 5 2
10	1 2 4 2 2 2
11	2 2 1 1 2 1 2
12	1 1 1 1 1 3
13	1 2 1 1 1 3
14	1 2 1 1 1 3
15	1 1 1 1 1 2
16	1 2 1 1 2 1 2
17	1 2 4 2 2 2
18	3 2 5 1
19	1 2 2 2
20	1 9 4 2
21	2 1 3 4 3
22	3 4 2 4
23	5 1 3 1
24	7 3 2
25	17

Row clues (top to bottom):

Row	Clues
1	4 6 4
2	2 3 2 2
3	1 3 3 1
4	1 2 2 1
5	2 2 2 2
6	1 2 2 1
7	1 4 1
8	1 2 2 2 1
9	8 1 1 7
10	10 9
11	7 10 6
12	6 4
13	4 6 3
14	3 2 2 1 2
15	3 1 2 2 1 2
16	2 1 1 1 2 1
17	2 1 1 1 2 1
18	3 2 1 1 2 2
19	6 2 2 6
20	2 2 1 1 2 2
21	1 2 1 6 1 2 1
22	1 3 3 1
23	1 3 3 3 1
24	2 2 9 2 2
25	3 11 3

A33 복근을 단련해요

난이도 ★★☆☆☆

25×25

Column clues (left to right, top to bottom):

Col	Clues
1	6 5
2	6 7
3	6 3 2
4	6 5 2
5	6 4 1 1
6	6 7 1
7	6 6 2
8	2 3 5 3
9	1 2 3 2
10	1 1 1 2 3
11	1 1 1 1 5
12	1 2 2 2 4
13	2 7 2 5
14	16 2 2
15	2 14 2
16	2 1 7 2 2
17	2 8 1
18	3 12 2
19	6 11 3
20	6 12
21	1 7
22	2 1 1
23	3 1
24	5 2
25	8

Row clues (top to bottom):

Row	Clues
1	5
2	7
3	3 3
4	11 2 7
5	8 1 2 4
6	7 5 3 3
7	8 5 1 2 2
8	9 3 2 1 2
9	15 6 1
10	10 1
11	9 2
12	12
13	3 8
14	6 7
15	4 9
16	4 8
17	2 5 2 3
18	7 1 2 2
19	7 2 2 1
20	4 1 6 2
21	2 3 6 1
22	1 2 3 2
23	2 1 7
24	2 2 4
25	4

A34 국보 제 31호예요

난이도 ★★☆☆☆

20×30

Column clues (left to right, top to bottom):

Column	Clues
1	9
2	4 1 1 1
3	3 1 1 1 1
4	4 1 1 4 1
5	3 7 1 1 1 1 1 1
6	8 1 1 1 4 1 1 1
7	1 2 1 1 1 1 1 1 1 1 1
8	1 2 4 7 4 1 1
9	1 2 1 1 1 5 1 1 1 1
10	1 5 4 5 1 4 1
11	1 2 1 1 1 8 1 1 1
12	1 2 1 1 7 1 1 1 1
13	1 2 4 1 1 1 4 1 1
14	4 1 1 1 1 1 1 1 1 1
15	8 1 1 1 1 1 1 1 1
16	3 7 1 4 4 1
17	4 1 1 1 1 1
18	3 1 1 1 1
19	4 1 1 1
20	9

Row clues (top to bottom):

Row	Clues
1	10
2	2 3
3	12
4	12
5	1 1 1
6	1 1 1
7	10
8	2 1 1 2
9	1 1 1 1
10	12
11	1 1 1
12	1 1 1
13	12
14	2 1 1 2
15	1 5 1
16	14
17	2 5 2
18	1 5 1
19	18
20	1 1 1 1 1
21	1 1 1 1 1
22	20
23	1 1 1 1
24	1 1 1 1
25	20
26	1 1 1 1 1
27	1 1 1 1 1
28	20
29	1 1
30	20

A35 왕의 동반자

난이도 ★★☆☆☆

20×30

		3		3				2											
		2	8	2	4	2	1	4	4	8	3	5							
2	2	1	2	1	2	2	1	4	4	5	3	2	1	2	2	3	6		
3	3	1	1	3	1	1	1	6	7	3	5	5	1	3	1	1	2	3	2
1	5	1	1	2	4	1	1	2	2	1	1	2	2	1	3	2	1	1	9
7	2	3	4	2	4	8	6	2	4	1	2	2	2	3	1	1	2	8	3
2	3	6	3	2	2	6	8	1	2	1	2	1	2	4	6	5	4	3	1

1	2	3	1	1
	1	4	3	3
		4	2	5
	2	2	4	5
	4	2	4	1
2	1	1	3	1
1	1	2	1	1
		3	2	1
	2	2	2	1
		2	5	2
			3	4
			6	3
		2	2	3
			11	4
		2	9	3
		10	5	1
		2	8	6
1	3	7	3	2
		5	8	3
		3	2	7
		4	4	2
	2	2	2	4
			4	7
		2	2	5
	1	3	1	4
1	5	2	2	1
5	4	2	2	1
	5	2	3	2
	3	3	4	1
1	1	3	1	2

A36 좋은 향기가 퍼져요

난이도 ★★☆☆☆

20×30

1	2	3	4	5	6	7	8	9	10	11	12	13	14	15	16	17	18	19	20
						5	4						4						
				4	5	2	2	4		11		8	3	5	3				
			2	3	2	4	4	5	7	5	7	1	4	2	2				
2	3	3	4	2	1	7	7	7	7	7	7	7	7	1	2	3	3	2	2
5	5	5	10	2	1	1	1	1	1	1	1	1	1	1	2	10	5	5	5

Row	Clues
1	2
2	2
3	2 1
4	2 1
5	1 1 2
6	2 2 1 2 1
7	3 2 1 2 2
8	3 1 1 2 2
9	2 2 1 2 2
10	2 2 1 2 2
11	2 2 1 2 2
12	2 2 1 1 2
13	2 1 1 3
14	4 3
15	1 1 3
16	5
17	8
18	6 1
19	6 1
20	12
21	2 2
22	1 8 1
23	1 8 1
24	1 8 1
25	1 8 1
26	4 8 4
27	4 8 4
28	4 8 4
29	5 5
30	20

A37 줄어들면 불안해요

난이도 ★☆☆☆☆

30×20

Row clues (top to bottom):

Row	Clue
1	9
2	11
3	2 2
4	18
5	20
6	2 2
7	2 2
8	2 2
9	2 2
10	2 2
11	2 14 2
12	2 14 2
13	2 14 2
14	2 14 2
15	2 14 2
16	2 2
17	2 14 2
18	2 14 2
19	2 14 2
20	2 14 2
21	2 14 2
22	2 2
23	2 14 2
24	2 14 2
25	2 14 2
26	2 14 2
27	2 14 2
28	2 2
29	20
30	18

Column clues (left to right):

Column	Clue
1	25
2	27
3	2 2
4	2 5 5 5 2
5	4 5 5 5 2
6	5 5 5 5 2
7	2 2 5 5 5 2
8	2 2 5 5 5 2
9	2 2 5 5 5 2
10	2 2 5 5 5 2
11	2 2 5 5 5 2
12	2 2 5 5 5 2
13	2 2 5 5 5 2
14	5 5 5 5 2
15	4 5 5 5 2
16	2 5 5 5 2
17	2 5 5 5 2
18	2 2
19	27
20	25

A38 양손을 바쁘게 움직여요

난이도 ★☆☆☆☆

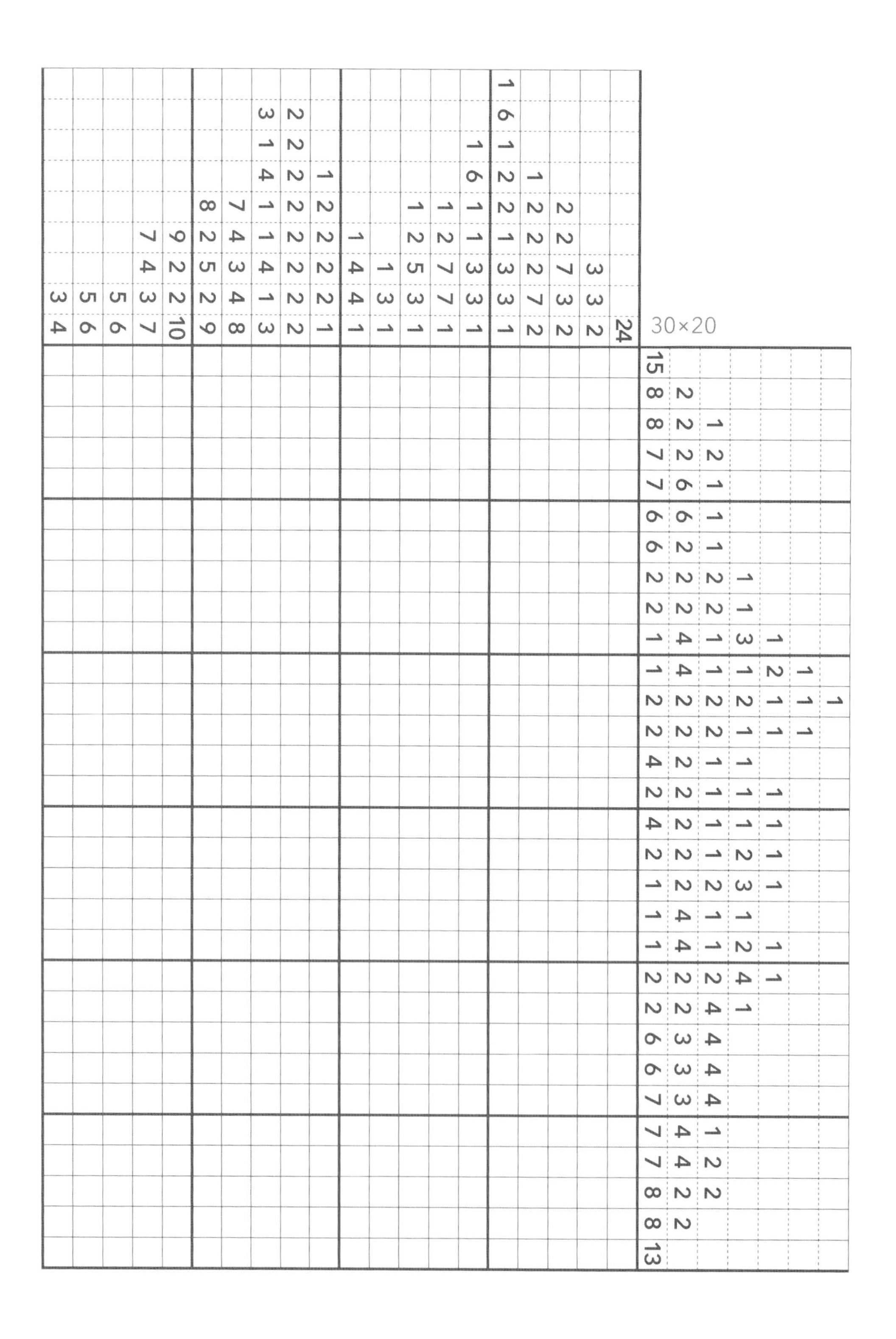

A39 한반도에도 살았어요

난이도 ★★☆☆☆

30×20

열	힌트
1	3 2
2	2 2
3	2 1 2
4	2 1 1 3
5	1 5
6	1 1 3 1
7	2 3 1 2
8	2 2 2 2
9	1 1 3
10	1 5
11	1 4 2
12	3 2 2 3
13	5 1 5 2
14	4 1 1 7
15	4 2 2 7
16	4 1 5
17	5 2 4
18	5 5 2
19	5 2 3 1
20	5 1 2
21	7
22	3 4 1
23	9 3 2
24	10 5
25	5 5 5
26	12 4
27	2 7 2 4
28	10 2 4
29	10 5
30	4 5 5

행	힌트
1	6 10 9
2	4 2 19
3	1 3 15 3
4	1 9 8
5	2 1 14
6	8 5 4
7	5 10
8	5 1 9
9	3 3 2 1 8
10	5 2 1 1 7
11	3 2 2 2 1
12	8 2 3
13	5 1 1 2
14	1 1 4 1 1
15	7 1 1
16	7 3 2
17	4 2 7
18	7 2 7
19	6 1 8
20	1 2 2 8

A40 맨손으로 잡고 한 입 크게 뜯어요

난이도 ★★½☆☆

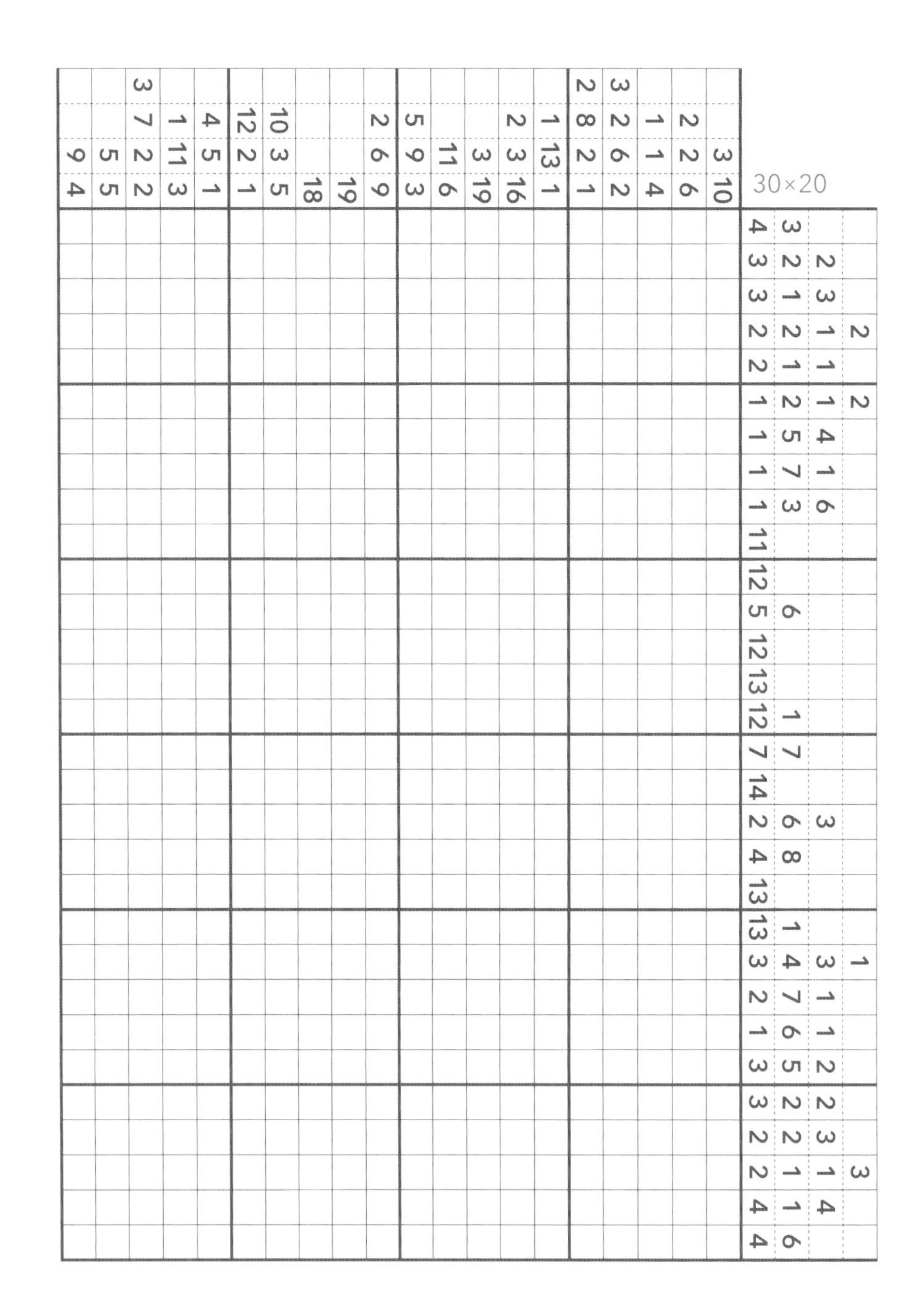

A41 암수 교대로 알을 품어요

난이도 ★★☆☆☆

30×20

Column	Clue
1	10 4
2	8 5
3	7 6 2
4	6 10 2
5	1 4 6
6	7 4
7	6 2
8	2 1 2
9	1 1 1 4
10	2 2 3
11	3 3 5
12	2 10 2
13	2 5
14	1 6
15	7
16	8
17	6
18	10 2
19	5 7
20	6 4
21	6 2
22	2 2 1
23	1 1 2 3
24	2 3 4
25	3 3 4 2
26	2 8
27	1 4
28	5
29	5
30	4

Row	Clue
1	5 4 4
2	4 3 5 3 2
3	4 2 1 3 2 1 3
4	4 2 1 2 2
5	4 5 5
6	4 2 2 7
7	3 2 2 3 3
8	2 3 3 3 2
9	1 3 3 4 3
10	1 3 8 4
11	3 7 4
12	3 7 5
13	4 1 5 1 3
14	4 1 3 2 2 2
15	2 2 1 2 2 1 1
16	1 2 2 2 2 1
17	3 2 1 2 2
18	7 6
19	5 4 4 3
20	4 4 3 3

A42 보통 오른손을 내밀어요

난이도 ★★☆☆☆

30×20

Column clues (left to right, top to bottom):

Column	Clues
1	13 3
2	13 3
3	9 2 3
4	6 4 3
5	5 2 3
6	3 2 3 3
7	2 9
8	3 1 4
9	4 7
10	1 2 3
11	2 2 1 4
12	1 4 3 1
13	1 1 2 1 1
14	3 2 4
15	2 1 1 2
16	2 2 5
17	1 2 4
18	1 3 2 3
19	1 1 2 4
20	1 2 1 6
21	2 1 1 5
22	1 2 2 1 3
23	2 2 4 3
24	3 2 2 3
25	3 4 3
26	4 2 3
27	4 2 3
28	6 4 3
29	8 2 2 3
30	10 2 3

Row clues (top to bottom, left to right):

Row	Clues
1	9 6
2	9 6 7
3	6 2 6 10
4	5 3 2 2 5
5	5 2 1 3
6	4 1 2 3
7	3 2 5 2
8	3 6 3 2
9	4 3 2 1
10	2 2 2 3
11	2 3 1 2 3
12	4 2 2 4
13	3 2 1 2 2 3
14	2 3 2 3 2
15	2 2 1 1 2 2
16	2 1 2 1 4
17	3 2 1 2 3
18	11 1 15
19	11 17
20	30

B43 두 빵 사이에 재료를 넣어요

난이도 ★★☆☆☆

30×30

Column clues (top to bottom, columns 1–30):

Column	Clues
1	3 4
2	9 1 4
3	2 3 2 3
4	3 4 1 6
5	2 1 3 2 3 1
6	2 1 4 1 3 1
7	3 3 4 2 4 1
8	2 4 3 3 4 1
9	2 5 3 1 1 4 1
10	2 3 1 4 1 1 4 2
11	2 3 1 4 1 5 1
12	2 3 2 3 1 1 4 1
13	1 3 3 3 2 1 3 1
14	2 4 3 1 1 3 1
15	1 4 3 1 1 3 1
16	1 4 1 4 1 1 3 2
17	2 2 2 4 1 1 4 1
18	2 3 3 2 1 2 1 1
19	1 4 3 1 3 2 1
20	2 4 3 1 4 1 1
21	1 2 1 4 1 5 1 1
22	2 1 3 1 1 2 2 2
23	1 2 3 4 2 1 1
24	2 1 3 3 2 1 1
25	1 1 2 1 1 1 2 2
26	3 3 2 1 2 1 1
27	2 3 1 2 1 2 1
28	1 2 2 4 1 2
29	11 1 5
30	4 3

Row clues (left to right, rows 1–30):

Row	Clues
1	3
2	2 5
3	2 4
4	2 1 3
5	2 2 2 3
6	2 3 2 2 4
7	1 3 2 3 4
8	2 3 3 3 4 1
9	2 3 3 7 2
10	2 3 8 2
11	2 8 5
12	8 10
13	1 13 1
14	1 15 2
15	2 18 4
16	14 2 4 1
17	11 7 3
18	3 2 6 6
19	1 6 3 3
20	2 4 2 3 1
21	3 20 2
22	2 1 6 3
23	1 3 5 3 1
24	2 10 4 1
25	5 11 4 2
26	9 8 4
27	8 4
28	1 3 7
29	1 7
30	7

B44 공기로 만든 동물이에요

난이도 ★★☆☆☆

30×30

Column clues (left to right, top to bottom):

Col	Clues
1	3 4
2	2 1 3
3	7 3
4	2 1 2 2
5	5 2 5 2
6	2 1 2 3 2 1
7	1 1 4 2 2 1
8	1 1 2 2 2 3
9	2 2 2 3 6
10	6 3 2 3 2
11	2 2 2 4 2
12	2 2 3 3 2
13	1 8 3 3
14	1 6 9 7
15	1 3 16
16	6 1 10
17	4 2 6
18	1 3
19	1 3 4
20	1 6 2
21	2 3 1
22	2 4 3
23	16
24	1 4 4
25	2 4 2
26	4 5 2
27	2 16 2
28	8 5 5 3
29	1 4 9
30	4 6

Row clues (top to bottom):

Row	Clues
1	4 5
2	2 4 2
3	1 2 2
4	1 1 2 3
5	1 2 3 2 1
6	8 3 4
7	2 6 3
8	2 3 2
9	3 2 3
10	1 2 2 2
11	3 3 3
12	2 4 2
13	12 5 5
14	6 5 3 3
15	1 2 2 2
16	2 2 1 2
17	2 2 1 2
18	1 2 7
19	9 9
20	2 18
21	2 18
22	1 2 6 1 4
23	2 1 3 1 1 3
24	1 2 4 2 1 4
25	1 1 4 1 2 3
26	1 2 3 1 3 2
27	1 5 3 2 3 2
28	3 4 4 6 3
29	5 7 6
30	7 5 4

B45 자연 친화적 반지예요

난이도 ★★★☆☆

30×30

											3							2		4									
										3	1	7		6	4		1	2	10	1	3	2	1	1					
										3	3	2	8	4	2	2	2	4	2	2	1	4	4	4	6	6			
									3	1	2	1	3	3	1	5	4	3	4	1	5	3	2	3	3	3	11		
			5	4	3	4	3	3	3	4	1	2	4	1	2	5	2	1	2	3	4	1	2	2	1	1	1	11	
7	8	10	6	4	4	3	2	2	2	1	1	1	1	1	1	1	2	1	1	2	1	2	1	2	2	3	2	3	11

						20
				7	5	5
				7	3	5
			1	4	2	6
			2	3	2	6
			1	3	3	7
	2	4	2	1	2	3
1	1	2	1	1	2	3
		2	2	3	6	3
	1	2	3	2	1	4
		1	6	3	2	4
		2	1	1	5	2
		1	6	2	3	1
		2	2	5	1	2
	1	1	2	1	4	1
		1	4	1	2	2
		2	2	3	1	2
			1	3	3	1
					1	2
				1	1	5
			2	2	2	1
				1	4	2
				2	2	2
				3	1	1
					4	2
					4	2
					6	3
					7	3
					10	4
						18

B46 이 집은 부동산에 없어요

난이도 ★★★☆☆

30×30

열	힌트
1	3 3 13
2	1 5 3 3 3
3	3 1 2 2 3 1 1 2
4	1 7 1 3 1 3 1
5	1 6 5 1 3 1
6	3 1 2 6 4 1
7	1 1 1 13
8	2 3 1 1 3 2 2 2
9	2 1 3 4 2 2 2
10	2 1 2 2 1 1 1
11	2 2 3 1 2 1 2
12	2 2 2 2 2 1 2 1
13	2 2 1 1 1 1 1 2
14	2 2 3 2 6 2 1
15	2 2 2 2 1 7 1 1
16	4 1 1 2 9 1 1
17	4 1 2 1 9 1 1
18	8 2 1 9 1 1
19	8 2 1 9 1 1
20	3 1 2 1 7 1 1
21	2 1 1 2 6 2 1
22	3 2 2 1 2 1 1 2
23	3 1 1 1 1 1 1 1
24	3 3 2 2 2 2 1
25	2 1 2 1 1 1 2
26	2 4 2 1 2 2
27	2 2 2 2 1 3
28	2 4 1 1 4
29	2 2 2 6
30	2 13

행	힌트
1	11 9
2	23
3	9
4	11
5	4 5 2
6	1 1 1 2 2
7	1 2 1 1 8
8	2 5 2 2 3
9	4 1 3 2 3
10	2 3 2 2 3 1
11	2 2 1 1 8 2
12	8 3 4 4
13	4 2 3 2 1
14	1 3 4 1
15	9 6 3
16	3 6 2 2
17	2 5 3 4 3 1
18	1 5 13 1
19	1 6 9 2
20	1 1 4 8 4
21	2 2 1 3 8 4 1
22	3 2 14 1
23	2 5 8 2
24	1 7 6 5
25	2 4 4 4 3 2
26	3 2 3 4 3
27	9 8 4
28	3 6
29	3 7
30	10

B47 야채와 고기를 한 번에

난이도 ★★★☆☆

30×30

Column clues (top to bottom):

Column	Clues
1	3 2
2	1 4 4 6
3	4 1 5 6 2
4	7 4 4 2
5	1 5 1 2 3 4
6	9 1 2 3 1
7	9 1 2 3 4
8	7 1 2 3 4
9	7 1 2 4 2
10	4 9 8
11	1 4 4 3
12	3 3
13	6 3 2 2
14	5 2 2 7 1
15	2 5 3 2 4 1
16	4 4 3 1 5 3
17	10 4 1 5 1
18	7 4 7 3
19	8 2 7 1
20	4 4 1 4 5
21	3 2 2
22	4 2 3
23	4 2 4 1 1 3
24	1 4 6 6
25	3 4 3 2 2 2
26	8 1 1 1 1 2 4
27	6 3 1 1 5
28	6 3 2 1 8
29	4 1 8 3 4
30	5 2 3 5

Row clues (left to right):

Row	Clues
1	2 2
2	2 2 2
3	6 2 5
4	2 5 2 1 4
5	8 5 1 5
6	8 2 4 7
7	8 1 4 7
8	6 7 5
9	10 7 2 2
10	1 1 1 6 2 1
11	1 1 1 5 1 2
12	2 3 2 2 1 6
13	10 2 2 1 4 4
14	3 2 1 6 7
15	10 9 2 2
16	8 6 1 2 2
17	2 2 1 2 2 2
18	1 1 7 8
19	1 1 2 3 1 1
20	2 2 2 5 1 2
21	8 8 7
22	10 8 2 2
23	11 6 2 2 1
24	4 3 9 2 5
25	2 1 2 5 5
26	1 1 1 1 1 2 4
27	9 2 3 5
28	3 3 9 1 1
29	1 2 1 1 1 1
30	1 2 1 1 1 1

B48 상처엔 뿌리지 말아요

난이도 ★★★☆☆

30×30

Column clues (top to bottom)

Col	Clue
1	6
2	8
3	6 5 2
4	2 7 8
5	2 2 9
6	2 1 1 3 2
7	2 3 12
8	2 4 5 3 3 1
9	2 4 1 7 2
10	1 2 1 1 6 3
11	2 2 6 2 2 3
12	1 4 3 7 1
13	1 3 2 3 1 4
14	1 2 13
15	1 1 3 1 5 3
16	1 3 2 8
17	1 2 3 2 3 1
18	2 1 2 8
19	2 2 1 7
20	1 1 1 7
21	1 1 1 6
22	1 2 1 4
23	2 1 2
24	2 1 6
25	3 1 2 1
26	3 1 2 1
27	4 1 2 1
28	6 3 2 1
29	9 2 2 2 1
30	16 6

Row clues (left to right)

Row	Clue
1	9 6
2	3 13
3	2 8
4	2 4
5	2 1 3
6	2 2 3
7	2 2 2
8	2 1 1 2
9	1 4 2
10	1 2 1 1
11	1 3 2 1
12	1 2 4 2
13	2 2 6 3
14	1 1 2 2 2 1
15	1 2 3 2 4 3
16	1 5 1 6 2
17	1 1 2 2 2
18	1 1 1 1 1
19	2 2 1 1 2
20	3 2 3
21	1 2 2
22	11 5
23	4 12 5
24	10 1 7 1 1
25	7 8 4 1 1
26	9 2 9 1 1
27	5 4 3 7 1 1
28	2 5 13 1 1
29	7 3 4 5 1 1
30	4 3 3 7 5

B49 지중해 요리에 많이 쓰여요

난이도 ★★★☆☆

30×30

Column clues (top to bottom)

Column	Clues
1	3 5 5 6
2	4 5 2 2 6
3	7 2 2 6
4	3 6 2 5
5	3 2 3 1 4
6	6 5 2 4
7	2 2 1 8 4 3
8	4 3 8 7 3
9	4 3 6 2 5 2
10	5 4 3 6 2
11	4 2 4 6 2
12	5 2 2 2 6 2
13	3 3 5 4 4 2
14	2 3 2 2 7 1
15	1 3 2 7 1
16	4 5 5 1
17	4 3 3 4
18	3 2 5 2 2
19	3 3 6 2 4
20	1 4 11 5
21	1 4 4 2 1 5
22	2 3 3 3 2 5
23	1 6 2 1 2 3
24	5 2 2 4
25	2 3 4
26	3 3 5
27	3 3 6
28	2 2 2 3
29	1 1 1 3
30	1 1 2

Row clues (left to right)

Row	Clues
1	2 2 3
2	3 3 3
3	4 2 3
4	4 2 2 4
5	4 13
6	2 4 10
7	3 5 5 2
8	3 1 3 3
9	2 1 3 3
10	2 4 2 6
11	1 2 2 3 12
12	2 4 5 7
13	3 5 1 2 3 2 4
14	2 1 5 1 6 2
15	1 7 3 9
16	1 6 2 2 7
17	1 4 2 2 5 4
18	2 1 4 2 2 8
19	3 2 8 8
20	4 2 4 3
21	1 4 1 7
22	2 3 2 1 7
23	8 4 3
24	8 2 2 4
25	3 8 2 2 4
26	4 6 1 3 1 4
27	6 4 1 6 2
28	8 8
29	13 6
30	16 4

B50 + B51 혼자 어디 가니?

30×30

1	2	3	4	5	6	7	8	9	10	11	12	13	14	15	16	17	18	19	20	21	22	23	24	25	26	27	28	29	30
		3				4								2	2					2	2					1			
	2	3	11			1	4	2		2			2	2	1				6	1	2	2		2		4			
2	1	1	1		7	1	2	3	3	4		3	3	1	1	7	10	10	1	1	1	4	2	1	6	3			2
2	1	1	2	11	2	4	1	1	1	2	7	1	1	1	2	1	1	2	1	1	1	1	3	2	5	1	4	7	8
1	3	7	1	2	2	2	1	2	2	5	1	2	1	1	2	1	1	1	2	1	2	1	1	2	1	1	1	2	1
4	3	3	1	1	2	1	1	2	2	6	12	6	1	3	2	4	1	1	2	5	1	2	6	2	2	3	5	7	5
1	1	1	1	1	1	2	2	2	4	1	1	2	4	1	1	2	2	2	2	3	3	5	2	3	5	2	2	5	2

		3	2	1	1	2	4
3	2	2	2	2	1	1	3
	3	2	1	2	2	2	5
	1	2	2	1	4	2	4
			7	2	5	3	2
				6	4	4	7
			4	7	4	3	2
				1	3	16	1
			10	4	1	3	1
				3	14	2	1
					11	4	1
						8	2
					4	1	2
				3	3	4	2
				1	3	5	1
				1	2	3	6
			2	1	3	4	2
				2	3	7	1
					1	6	1
				2	2	2	1
		1	2	2	1	2	1
			2	4	1	5	2
			1	4	5	3	1
4	2	2	2	2	1	2	1
3	2	2	2	1	1	1	1
	5	2	1	2	2	2	2
		2	2	1	1	1	1
			1	1	3	2	1
					4	2	14
							30

30×30

Column clues (top to bottom, columns 1–30):

1	2	3	4	5	6	7	8	9	10	11	12	13	14	15	16	17	18	19	20	21	22	23	24	25	26	27	28	29	30
														2			5							2	2				
								2				4		2		3	1	4				3	2	2	1			2	
5		2	2	3			11	1	3	2	5	3	3	2	2	1	2	3	10	7	6	1	1	3	2	8	8	1	2
3	7	1	3	2			1	1	1	2	2	2	4	5	1	2	5	5	4	9	5	1	2	2	2	1	1	1	1
1	1	1	1	1	7	11	1	1	1	3	2	1	2	2	7	6	1	1	2	1	1	1	9	1	1	5	2	1	1
1	1	1	2	1	1	3	2	1	5	1	2	3	2	2	2	2	2	2	2	2	1	2	1	1	1	2	2	1	3
2	2	2	2	2	2	2	1	3	4	5	4	3	2	1	2	2	2	2	2	2	1	1	1	1	1	4	7	7	4

Row clues (left to right, rows 1–30):

Row	Clues
1	1 2 8 1 2
2	1 1 2 1 10 2 2
3	2 2 2 2 2 6 4 1
4	2 1 2 1 1 1 6 5
5	2 6 2 1 1 4 3
6	2 4 1 4 2
7	4 3 2 4 2
8	2 5 4 2 6
9	21 3
10	3 2 3 5
11	14 6
12	3 1 2 2
13	2 2 2 2
14	4 3 2 2
15	4 1 3 4 1 2
16	4 1 1 10 1 3
17	5 7 2 1 1
18	6 5 1
19	4 1 3
20	3 5
21	2 4 1
22	2 1
23	1 2 4
24	2 4 3
25	2 1 2 3
26	4 1 3 3
27	5 2 8
28	7 4
29	7 5 6 3
30	8 2 11 3

B52 필체 교정에 도움을 주기도 해요

난이도 ★★★☆☆

30×30

Column clues (top to bottom):

Column	Clues
1	3 9 1 8
2	6 1 4 2 7
3	7 1 7 1 6
4	7 7 2 6
5	8 1 5
6	7 1 5
7	5 2 2 4
8	3 4 1 4
9	8 2 4
10	8 3
11	7 3
12	1 6 2
13	1 7 2
14	1 5 2 2
15	1 1 2 5 1
16	1 1 3 1 1
17	8 3 2 1
18	2 6 2 1 2
19	1 1 2 2 1 1
20	4 1 1 2 3 2
21	3 1 1 1 2 1 1
22	3 1 1 1 2 2
23	3 1 1 1 3 2
24	3 1 1 3 2
25	4 8 2
26	1 3 2
27	11 3
28	9 1 3
29	7 3
30	1 2

Row clues (left to right):

Row	Clues
1	0
2	2
3	4 4
4	5 6
5	6 6
6	6 3 4
7	7 2 6 3
8	7 1 3
9	6 9 3
10	3 3 2 2 1 3
11	1 3 11 4 1 4
12	1 2 5 2 1 3
13	1 2 6 2 1 3
14	1 2 21
15	4 6 9
16	4 6 8
17	4 8 2
18	3 3 3 2 2
19	4 1 3 1
20	3 3 2 2
21	2 2 2 1
22	1 2 2
23	1 3 1 1
24	2 5 1
25	4 2
26	6 2
27	9 2
28	11 3
29	14 3
30	18

B53 우승자에게 주어져요

난이도 ★★★☆☆

30×30

Column clues (left to right, top to bottom)

1. 10 7
2. 10 3 2
3. 10 3 1
4. 13 1
5. 9 1
6. 8 2 2
7. 8 1 5 1
8. 8 4 2
9. 9 2 3 2
10. 2 4 4 7
11. 7 8 2
12. 3 1 3 2 1 5
13. 3 2 2 2 1 3
14. 2 4 1 2 3 2
15. 2 2 1 2 2 3
16. 3 1 1 1 2 1 4
17. 3 2 3 2 3 3
18. 4 1 2 2 2 2 2
19. 4 3 4 2 1 4
20. 7 2 2 1 2 5 1
21. 9 2 3 2
22. 1 6 2 3 8
23. 2 5 2 7
24. 8 2 2 2 2 1 2
25. 8 1 1 10
26. 8 2 2 1 5
27. 8 3 1 1
28. 8 4 2
29. 8 7
30. 8 4

Row clues (top to bottom, left to right)

1. 10 9 9
2. 10 10 8
3. 9 3 7 7
4. 9 1 5 7
5. 9 1 3 7
6. 9 4 3 3 7
7. 9 1 2 1 3 7
8. 11 1 2 7
9. 5 4 2 3
10. 4 1 1 2 6
11. 1 2 1 2 2 5
12. 1 2 6 1 2
13. 2 2 1 2 1 1
14. 1 2 4 2 2
15. 2 1 1 2 3 2
16. 1 1 1 3 4
17. 2 1 2 2 3
18. 1 2 2 1 2
19. 1 1 2 2 2
20. 1 3 5 2 2
21. 1 2 11 2 2
22. 2 3 3 4 4
23. 6 2 5
24. 11 5
25. 2 2 2 1 2 2
26. 1 1 1 1 1 5
27. 1 1 1 2 2 2
28. 1 2 3 2 5
29. 10 5
30. 11 1

B54 사막에서 굴을 파고 생활해요

난이도 ★★★☆☆

30×30

Column clues (left to right, top to bottom)

Column	Clues
1	6 9
2	2 3 9
3	5 2 9
4	1 5 1 9 3
5	2 9 11 2 1
6	1 4 5 8 1
7	2 3 1 2 1
8	2 1 3 2 3
9	1 3 3 7 1
10	2 2 2 5 1
11	2 3 1
12	1 3 1
13	1 2 2
14	2 2 2 7
15	2 3 2 8 1
16	2 1 3 1 3 3 1
17	2 3 1 2 1 1 1
18	1 4 2 1 1 1
19	2 4 5 1 2
20	1 5 1 2 3
21	1 4 1 1 4
22	4 2 3 1 2
23	3 3 3 4 2
24	5 11 1
25	6 2 1
26	6 1
27	6 2
28	7 2
29	8 3
30	14

Row clues (top to bottom)

Row	Clues
1	5 6
2	3 3 3 3
3	1 2 2 2 5
4	1 3 3 2 4 1
5	1 4 6 4 2
6	2 4 1 1 5 1
7	1 5 5 2
8	2 3 2 2
9	3 2
10	1 3 3 1
11	1 3 3 1
12	2 3 3 2
13	2 4
14	4 3 3
15	2 2 2 2 1
16	2 6 2
17	5 4 8
18	5 8
19	5 1 7
20	6 4 7
21	6 2 7
22	6 1 1 7
23	6 2 1 1 3
24	6 2 2 2 2
25	6 2 2 3 1
26	1 2 3 3 1
27	2 2 5 4 1
28	2 2 3 2 2
29	1 1 2 5 4
30	27

B55 컵에 담긴 간편식이에요

난이도 ★★★☆☆

30×30

Column clues (top to bottom, columns 1–30):

Column	Clues
1	1 1 1 2
2	1 1 1 2
3	1 1 1 2
4	1 1 1 2
5	1 1 1 7 2
6	1 1 1 3 12
7	1 1 1 1 1 2 2 2
8	1 1 1 2 2 2 2 1
9	1 1 1 1 2 2 2 2 2
10	3 4 5 2 4 2 1
11	1 2 3 3 2 1 2 2 1
12	3 2 2 2 2 2 1 2 1
13	1 3 3 3 2 4 2 1
14	2 2 2 2 2 1 2 2 1
15	1 3 3 3 2 2 1 2 1
16	2 2 2 1 2 4 2 1
17	1 2 3 3 3 2 3 1
18	1 1 3 3 2 2 2 2
19	5 1 3 2 2 1
20	2 1 2 5
21	5 3 2 9
22	17 1
23	12 1
24	12 1
25	11 1
26	11 1
27	1 5 2 1
28	1 2 2 1
29	1 2 1
30	4 1

Row clues (left to right, rows 1–30):

Row	Clues
1	4
2	3 1
3	19 5 1
4	1 1 1 1 1 7 1
5	10 2 1 3 7 1
6	1 1 1 1 1 7 1
7	11 1 1 2 7 1
8	1 1 1 1 1 6 1
9	1 1 1 1 1 8
10	2 1 1 1 7
11	1 1 1 2 5
12	4 1 1 4 4
13	3 1 1 1 1 1 5
14	2 1 1 1 2 1 3
15	7 1 1 6
16	1 12 1
17	2 5 3
18	4 6
19	15 1
20	2 9 2
21	1 1
22	1 7 1
23	2 2 2 3 10
24	3 3 2 2 1
25	2 2 7 2
26	2 4 5
27	2 1 14
28	1 2 8 2
29	3 3
30	10

B56 기계로 바느질을 해요

난이도 ★★★☆☆

30×30

열	단서
1	6
2	3
3	3
4	6 2
5	2 4 1
6	1 1 1 2
7	1 9
8	2 8 1 5
9	6 2 1 1 4 2
10	1 2 1 3 1 2
11	6 1 1 4 1 2
12	2 3 1 2 1 1 2
13	1 1 1 2 1 1 2
14	8 1 2 1 1 2
15	1 1 1 2 1 1 2
16	1 1 1 2 1 1 2
17	2 2 1 4 1 1 2
18	1 1 1 1 10 1 1 1 2
19	1 1 4 2 1 1 1 2
20	2 2 2 2 1 1 2
21	1 9 1 1 2
22	2 2 1 1 1 2
23	2 1 1 3 1 1 1 2
24	2 4 5 1 1 1 2
25	1 2 5 1 1 1 2
26	2 3 1 1 1 2
27	2 1 3 2
28	11 1 4 2
29	1 18 2
30	5 8 2

행	단서
1	2
2	2 1 1 3
3	22
4	2 2 1 1 2
5	1 1 1 1 2 2 2
6	1 1 1 1 1 2 1 2 3
7	1 1 1 1 1 2 1 2 1 1
8	1 1 1 2 2 1 1
9	2 1 1 3
10	1 1 8 3
11	1 2 1 3 2
12	8 1 2 2 2
13	2 1 1 1 4 2
14	2 1 1 4 2
15	4 1 1 4 2
16	2 1 1 2 1
17	1 1 1 1
18	2 9 1 2
19	6 2 10
20	2 1 3 2 2
21	1 8 2
22	2 4 2
23	1 3 2
24	1 3 3
25	1 22
26	1 2 3
27	1 21
28	1 1
29	1 23
30	1 23

B57 머리가 너무 아파요

난이도 ★★★☆☆

30×30

Column clues (top to bottom, columns 1–30)

Col	Clues
1	2 2 11
2	3 2 3 3
3	2 3 3 2 2
4	3 3 2 2 4 1
5	3 2 2 2 5 1
6	2 3 3 1
7	5 2 4 1
8	9 2 2
9	9 2 3
10	8 2 3 6
11	7 1 11
12	7 4 2
13	6 2 2
14	6 2 1
15	6 2 2 1
16	6 1 2 1
17	5 3 2 1
18	5 2 1
19	4 2 1
20	5 2 2
21	5 1 2
22	14 11
23	14 5
24	7 4 4 4
25	1 3 6 3
26	2 1 3
27	2 1 3
28	3 2 3
29	5 4
30	16

Row clues (left to right, rows 1–30)

Row	Clues
1	2 10
2	3 14
3	3 16
4	2 2 16
5	4 12 4
6	4 10 4
7	2 6 5
8	3 4 3 2
9	5 6 1 1 3 2
10	3 2 4 7 1
11	2 3 1 2 4 1
12	2 2 1 4 1
13	1 2 2 2 1 1
14	2 2 3 1
15	3 1 1 3 4 2
16	3 2 2 3 2 3 3
17	1 2 4 2 5 1
18	2 7 6 1 1
19	1 1 4 1 1
20	1 1 1 1 1 1
21	1 1 1 1 2 1
22	1 2 2 1 1 1
23	1 1 1 1 1 1
24	1 1 1 1 1 1
25	1 1 1 1 1
26	1 1 2 1
27	2 2 3 2
28	2 1 9
29	2 2 9
30	6 9

B58 + B59 칠 수 있을까요?!

30×30

Column	Clues
1	2 6 3
2	5 6 3 5
3	2 3 6 3 7
4	1 2 2 6 3 7
5	1 1 1 6 3 2 5
6	1 3 3 6 3 1 1 3
7	2 5 5 3 1 1 3
8	2 4 4 3 2 1 1
9	9 3 3 1 1 2
10	8 2 2 1 1
11	5 2 3 2 1
12	3 4 5 2 1
13	2 2 3 2 3 2
14	3 1 3 1
15	8 2 2
16	6 3 2 2
17	7 3 3 2
18	7 3 5 2
19	6 6 2 2
20	2 4 1 4 2 1
21	1 2 1 1 5 1 1
22	1 1 1 2 3 4 2
23	3 4 2 2 3 5
24	5 4 3 2
25	9 3 3 3
26	2 3 4 3
27	2 1 3 6 3
28	1 2 5 9
29	10 3
30	3 2

Row	Clues
1	4 6
2	2 1 5 2
3	1 3 5 5
4	2 3 2 5 1 2
5	4 2 1 6 5
6	2 1 2 14
7	2 6 4 1 1 1
8	10 1 1 1 1 1
9	11 1 1
10	5 4 3 5
11	6 3 2 3 4 2
12	7 2 2 8 2 1
13	8 3 5 2 1 1
14	9 2 5 1 1 1
15	9 2 3 1 1 1
16	9 2 1 2 2
17	2 2 2 4
18	10 1 1 9
19	10 2 2 11
20	9 9 6
21	2 6 2
22	1 2 2
23	4 2 1 4 1
24	3 3 2 2 2 1
25	3 2 2 1 1
26	10 2 1 1
27	4 2 1 1
28	8 3 1 5
29	6 5 7
30	5 7

+

30×30

Column clues (top to bottom, columns 1–30):

Col	Clues
1	8
2	6 8 3
3	9 7 5
4	10 7 6
5	11 7 6
6	14 4 1 1 2
7	10 1 3 2 1 2
8	6 2 2 7 2 1
9	6 1 2 2 1
10	7 1 1 6 2
11	3 3 1 2
12	4 3 1 2
13	3 5 1 1 2
14	2 6 2 3
15	4 1 2 1
16	8 2 1
17	5 5 2
18	3 3 2 1
19	4 1 2 1 2
20	2 3 3 2 2
21	3 2 4 1 3
22	3 1 2 4 2 2
23	2 3 5 3 3
24	3 2 6 6
25	2 2 3 8 4
26	2 2 2 2 9 3
27	1 2 1 1 9 3
28	1 2 1 1 9 2
29	1 2 2 2 9
30	4 3 9

Row clues (left to right, rows 1–30):

Row	Clues
1	5
2	2 1
3	6 2 1
4	9 2 1 2
5	12 2 2
6	12 2 2
7	9 1 1 2
8	9 2 2 2
9	6 1 1 2 2
10	7 2 6
11	7 5 3 1 4
12	5 9 2 2 2
13	3 4 9 1 1
14	3 4 2 2 2
15	1 7 4
16	2 2 1 1
17	5 1 3 11
18	5 2 2 12
19	6 1 4 12
20	6 7 2 10
21	6 3 5 8
22	6 1 1 2 3 7
23	5 1 1 2 2 6
24	2 2 1 1 1 6
25	5 2 5 2 5
26	4 2 2 3 1
27	7 2 2 5
28	4 2 2 6
29	8 7
30	4 5

B60 회색 등과 긴 목이 특징이에요!

난이도 ★★★☆☆

30×30

Column clues (top to bottom)

Column	Clues
1	3 1 1 7 3
2	1 2 2 1 8 3
3	1 4 1 8 3
4	2 3 1 1 9 1
5	4 2 3 8 1
6	4 6 9 1
7	3 8 6 2 1
8	3 1 6 4
9	3 1 5 4
10	4 6 4 3
11	2 2 2 3 7
12	1 3 1 3 3 2
13	1 2 3 1 3 3 3
14	1 1 2 3 3 3 3
15	3 2 2 3 7
16	3 2 2 3 2 3
17	7 1 3 2 4
18	2 1 2 10
19	2 1 2 2 6
20	2 1 5 2
21	1 4 2 2 3
22	1 5 3 2 8
23	6 3 6
24	7 2 2 1 2
25	8 5 7
26	9 3 7
27	8 2 2 2 2 1
28	9 3 1 2 2 1
29	10 3 4 2 1
30	10 6 2 1

Row clues (left to right)

Row	Clues
1	6
2	2 4
3	1 9
4	5 1 4 2
5	4 5 1 3
6	1 2 3 2 1 4
7	2 4 2 1 7
8	2 3 3 2 9
9	4 2 2 10
10	2 2 1 2 10
11	4 1 1 2 15
12	2 3 1 3 10
13	2 2 1 8
14	11 2
15	3 2 1 1 2
16	4 2 2 2 1 2
17	2 2 3 1 1 1 1
18	2 4 1 2 2
19	2 2 3 1 1 1
20	4 3 3 4 2 2
21	9 5 6 1
22	10 4 7
23	11 6 2
24	16 2 10
25	16 2 2 6
26	6 6 2 2 2
27	8 1 2 2 6
28	15 2 3 6
29	3 8 2 2 3
30	9 3 2 2 7

B61 주로 선물용으로 사요

난이도 ★★★☆☆

35×35

Column clues (top to bottom):

Column	Clues
1	1
2	5 1
3	3 2 1
4	5 1 1
5	2 2 2 1
6	9 1 4 1
7	3 2 2 1 1 4 1
8	3 1 2 3 2 1 1 2 1
9	2 6 3 1 2 1 7
10	3 2 5 3 1 1 1 1 2
11	1 3 5 2 2 1 2 1 4
12	2 2 1 1 3 1 1 1 3 2 1
13	2 1 8 1 4 1 3
14	4 5 2 1 1 1 2 1 1
15	1 1 1 5 1 1 1 3 1
16	1 1 2 4 1 2 1 1 3
17	3 5 2 1 1 4 1 1
18	1 1 1 7 1 1 1 1 3
19	1 1 3 7 3 3 1
20	1 1 1 4 4 1 1 2 1 1
21	3 1 4 4 2 1 1 3
22	1 2 1 2 2 2 4 1 1 1 2 1
23	1 1 2 5 3 4 1 4 2 1
24	1 2 3 3 2 5 1 2 6
25	5 6 1 6 3 1 1 2
26	1 7 7 1 1 2 1 2
27	3 6 7 2 1 1 5
28	3 3 6 1 2 3 1
29	8 4 2 4 1
30	7 1 1 2 1
31	3 4 4 3 1
32	2 3 7 2 1
33	1 2 2 2 1
34	1 4 1
35	1

Row clues (left to right):

Row	Clues
1	14
2	5 1 1 3
3	2 9 2 1
4	7 4 2
5	1 2 2 2
6	2 2 3 4 3
7	1 2 5 4
8	4 4 3
9	1 1 4 6
10	1 2 9 3
11	4 3 11
12	2 3 3 2 3 4
13	1 1 5 2 1 2 2
14	1 4 7 2 2
15	10 5 1
16	3 5 4 2 5 1
17	3 5 7 3 1
18	3 8 2 5 3
19	3 2 4 6 4
20	1 2 2 12 2 1
21	1 5 1 13 1
22	2 4 10 2
23	4 15 5
24	5 3 2
25	1 8 7 2
26	2 1 6 1 3
27	5 1 1 7
28	1 14 1
29	3 1 1 1 4
30	7 1 7 1
31	1 7 1 2
32	4 1 1 6
33	1 14 1
34	3 1 1 1 1 4
35	35

B62 이웃 동물들과 놀아요

난이도 ★★★☆☆

35×35

Column clues (top to bottom)

Column	Clues
1	5 1 7
2	4 2 1 10 2
3	11 11 4
4	1 4 1 6 3 7
5	3 7 6 3 6
6	2 4 1 8 4 4 1
7	5 1 4 1 1 2 4 1
8	1 2 3 1 1 5
9	2 1 3 4 1 1 3 1
10	13 1 1 6 1
11	4 4 2 1 4 5
12	3 2 3 1 1 2 4 1
13	2 9 3 2 7
14	2 2 7 3 3
15	2 3 2 8 1 2
16	2 4 2 1 1 1 2
17	2 9 1 1 4
18	2 6 1 1 2
19	5 1 1 1 2
20	3 1 1 1 1 2
21	7 1 1 1 4
22	1 10 1 4 2 2
23	2 5 2 4 2 2 1
24	1 4 1 2 1 1 2 1
25	2 3 5 2 1 2 4
26	1 12 2 5 3
27	2 2 1 4 1 3 3
28	3 7 2 1 1 3
29	14 2 1 1 1 1
30	3 2 1 6 1 3 3
31	5 1 1 2 2 5 3
32	2 2 1 7 3 2 3
33	11 8 2 2 4
34	1 5 1 7 2 1
35	3 7 5 3

Row clues (left to right)

Row	Clues
1	5 4 1 3
2	3 3 8 4 1
3	5 1 4 3 3 6
4	4 2 4 2 2 3 2 2
5	1 5 4 3 3 3 5
6	7 4 3 4 3 4
7	2 2 3 4 5 4 3
8	1 1 3 5 6 1 1 1
9	1 1 1 15 1 1 1
10	1 1 1 1 1 1 1 1 1 1
11	10 1 1 1 1 7
12	1 1 1 1 1 1
13	1 1 2 2 7
14	7 1 2 4 3 2
15	13 2 3 2
16	6 6 2 3 2
17	6 6 10
18	6 2 12
19	9 12 3 4
20	4 1 2 1 3 3 1 3 3
21	3 1 2 1 11 1 1 1 3
22	3 1 1 1 1 2
23	4 2 2 1 2 2 3
24	6 3 2 3 3
25	13 2 2
26	2 2 9
27	1 2 1 1 4 2 2
28	1 5 1 2 6 2
29	1 1 1 2 1 2 1
30	5 1 3 1 2 4
31	14 2 3 1
32	13 2 1 2 1 1
33	11 1 6 9
34	1 1 1 4 2 3 3
35	8 2 3 3

B63 강풍에 주의해요

난이도 ★★★☆☆

35×35

Column clues (left to right, top to bottom):

Col	Clue
1	26
2	3 5 5 8
3	3 5 2 1 6
4	3 3 1 1 2 5
5	3 3 2 2 6 3
6	3 3 1 10
7	3 4 1 12
8	2 1 2 1 6 4
9	2 1 2 5 2 3
10	2 1 2 5 2 2
11	1 2 4 2
12	2 4 1 1 2 2
13	4 3 2 2
14	2 2 2 2
15	2 4 2
16	2 1 9 3
17	2 2 7 8
18	2 2 7 7
19	4 1 2 2 3 6 2
20	1 3 2 2 2 2 5 3
21	1 5 2 2 5 1 4
22	2 4 2 4 5 1 5
23	1 6 1 2 5 1 1 2 1
24	1 5 3 6 1 2 3
25	2 4 2 6 1 3 4
26	2 5 1 5 2 8
27	4 5 1 6 2 3 1
28	1 2 5 9 1 5 2
29	1 2 5 5 5 4
30	1 3 5 5 4 4
31	1 3 5 5 3 4 1
32	2 3 4 5 3 1 4 2
33	2 3 4 5 2 1 3 3
34	2 4 2 8 2 2 3
35	5 4 8 3 2 3

Row clues (top to bottom):

Row	Clue
1	4 6
2	1 6 2
3	2 4 2
4	2 4 4 2
5	7 5 3 1
6	8 6 3 1
7	3 8 3 1
8	2 5 8 7 4
9	1 3 5 9 2
10	2 6 4 6 1
11	1 9 5 6 2
12	1 2 3 4 6 1
13	3 4 1 2 4 1
14	5 1 5 5
15	3 5 2 2 1 2
16	2 9 3 1
17	2 15 2 9
18	1 9 5 13
19	1 8 4 12
20	3 3 3 5 13
21	2 6 2 5 14
22	2 3 2 2 4 7 2
23	2 4 3 5 7
24	8 2 1 4 8
25	1 5 2 2 4 2 4
26	1 5 2 4 7 2
27	1 8 4 1 2 4
28	2 4 4 5 1
29	2 3 7 3
30	4 3 1 4 6
31	5 2 3 1 6
32	5 2 8 4
33	5 2 3 3 2 3
34	4 2 4 2 2 4
35	3 2 1 3 2 2 5

B64 차를 통제해요

난이도 ★★★☆☆

35×35

Column clues (top to bottom)

Column	Clues
1	5 9 1 2 2 3
2	2 1 2 1 4 1 2 3
3	2 1 1 1 2 1 2 1
4	5 3 1 1 1 1 1
5	2 1 5 2 1 1 1
6	2 1 3 1 1 2 3
7	5 3 1 2 2 3
8	2 1 1 1 4 3
9	2 1 1 1 5
10	5 2 2 1
11	2 5 10
12	9 2 5 2 1 1 5
13	3 2 2 3 1 4 1 4
14	2 4 6 1 4 1 4
15	1 3 2 2 1 2 1 1 4
16	2 4 1 4 4 3 4
17	1 5 4 3 5
18	1 1 2 2 2 20
19	1 6 1 4 2 4
20	1 1 2 4 2 2 4 3 4
21	1 6 1 2 3 1 2 1 1 4
22	1 1 6 4 1 1 4 1 4
23	2 2 7 1 1 1 4 1 4
24	1 7 2 1 1 1 2 1 1 5
25	3 2 7 3 3 5
26	2 2 3 6
27	2 1 11
28	2 5 2 1
29	2 4 2 4
30	5 1 3 4 4
31	2 1 2 1 1 3 4
32	2 1 3 1 1 3 3
33	1 14 1 3 1
34	1 2 2 4 1 3 1
35	5 2 2 1 1 3 1

Row clues (left to right)

Row	Clues
1	8 4
2	16 10 1
3	14 5 7 1
4	1 1 1 1 2 1 1 2 1 1
5	1 1 1 1 1 10 1 2
6	10 1 12 2 2
7	6 1 2 2 1 1
8	3 3 4 4 5
9	2 1 1 1 2 3 2 1
10	1 2 2 5 1 1
11	1 1 2 2 1 1 1
12	1 1 2 2 1 3 3
13	5 14 1 3
14	1 2 5 3 4 2
15	1 9 1 2 1 1 2
16	1 2 1 12 5
17	2 1 1 2 1 1 1 2 3
18	1 2 1 1 6 2 2
19	2 1 5 2 8
20	5 1 3 3
21	6 1 2 2
22	7 1 6 1 5
23	1 1 1 1 1 1 1
24	7 6 1 6 1 6
25	1 2 6 1 5 1 6
26	4 2 1 2 9
27	9 6 1 6 1 1
28	3 4 1 1 1 1 1 1 3
29	1 6 1 6 1 7
30	9 1 1 2 3
31	2 3 2 3 3 3
32	2 3 15
33	15
34	15
35	7 7

B65 우주에서 살고 있어요

난이도 ★★★☆☆

35×35

Column clues (columns 1–35, top to bottom)

Column	Clues
1	2 17
2	4 17
3	1 2 6 5 2
4	1 3 4 7
5	1 3 3 1 3 1
6	1 3 2 1 2 1
7	2 3 2 1 7 4
8	8 5 5 2 2 1
9	3 1 3 10 2 1 2
10	2 1 1 1 1 7 3 1 1
11	1 1 3 3 1 5 1 2
12	2 2 3 2 2 2 4 2 1
13	1 1 1 2 1 2 1 3 1 1
14	2 2 1 1 5 1 3 3
15	1 1 1 4 2 9
16	1 3 1 1 4 2 8
17	1 2 3 1 1 5 11
18	1 2 5 3 13
19	2 4 3 3 12
20	1 4 1 2 14
21	1 2 3 1 3 9
22	2 1 1 2 1 1 4 1
23	2 2 3 2 1 2 1 2
24	1 3 2 2 1 1
25	4 4 4 1 1 2
26	2 6 2 3 2 1 1
27	1 2 2 3 9 4
28	2 3 2 1 1 6 2 2 2
29	1 2 2 2 1 3 4
30	1 2 2 2 1 3
31	1 4 4 5
32	1 3 7 7
33	4 2 17
34	3 2 17
35	4 17

Row clues (rows 1–35, left to right)

Row	Clues
1	6
2	3 4
3	3 2
4	2 3 7
5	6 1 1 1 4 2
6	2 6 2 2 6
7	5 1 1 1 3 1 6 1
8	7 3 8 4 2 1
9	6 4 1 3 1 3 2 2
10	3 3 1 4 1 2 2
11	1 1 1 2 2 2
12	2 8 4 2
13	9 2 3 4 6
14	7 3 7 3 7
15	5 1 2 4 3 5
16	4 1 3 5 2 4
17	3 1 9 6 4
18	3 2 6 3 3
19	2 5 5 8 3
20	2 2 6 1 4 3
21	2 5 2 4 4 3
22	2 4 3 4 3 3
23	2 4 9 3 4
24	2 4 4 2 2 4
25	3 5 2 4 5 5
26	3 1 12 2 5
27	4 4 11 9
28	8 4 7 8
29	5 4 8 7
30	2 2 8 2
31	2 8 2
32	2 6 13
33	5 8 1 2
34	1 1 1 1 1 1 4
35	8 5

B66 환경을 보호해요

난이도 ★★★☆☆

35×35

														2	1																			
						4							2	2	1	1	1																	
					4	2	4		5			1	2	1	1	2	2	2				1	4	3										
					7	7	2	1	1		1	2	1	1	1	3	2	1				4	2	1	2	4	3	9	8					
					4	2	9	3	7	3	2	2	2	1	1	2	1	3	4	2		1	3	2	2	2	2	4	9		5			
5	5		19	19	3	4	3	9	2	2	1	4	3	2	2	3	4	2	2	2	1	2	1	1	3	4	2	5	5	11	12	22		
7	7	14	1	3	1	3	5	9	4	10	6	2	3	1	7	9	10	14	2	3	6	5	3	2	2	6	6	1	2	7	5	3	18	2
3	5	5	1	1	1	1	1	1	4	3	2	2	3	1	1	1	1	2	13	5	10	3	1	1	1	1	3	1	1	1	2	2	4	7

			1	2	2	7	2
1	2	2	5	3	2	2	2
	2	2	2	2	6	2	2
	2	5	2	4	2	3	2
	2	4	1	6	3	2	3
		5	6	4	2	2	2
		5	4	6	2	2	2
		3	3	6	2	4	3
	3	7	1	1	2	5	3
	3	1	2	1	4	3	2
		3	1	1	2	3	5
		3	2	2	2	2	4
					14	3	9
						17	8
					14	1	7
					13	1	7
			12	1	1	1	6
			11	2	2	2	6
			10	4	1	1	6
		2	6	1	1	1	3
		4	3	1	1	3	3
		2	5	2	3	3	3
			1	1	2	6	6
		1	2	1	7	2	2
					5	11	2
			4	6	1	1	2
			2	2	7	4	2
		2	2	5	1	2	2
			2	2	5	1	3
			1	2	5	1	4
				9	5	1	4
	3	2	1	5	2	3	1
3	2	1	3	1	1	3	2
		3	1	2	2	6	2
					8	7	5

B67 식목일에 실천해요

난이도 ★★★☆☆

35×35

Column clues (left to right, top to bottom):

Column	Clues
1	3 3 3 3
2	1 1 1 1 1 1 3
3	2 4 4 3 3
4	3 2 3 2 5 4
5	1 3 2 2 1 2 1 4
6	3 20 8
7	9 6 9
8	3 10 6 9
9	1 5 2 2 2 2 1 4
10	3 2 2 1 3 1 2 5
11	1 2 2 2 2 1 1 2 2
12	3 1 2 1 1 4 1 1 1
13	1 1 1 2 2 3 3 2 1
14	3 1 3 2 4 1 2 1
15	2 4 1 1 3 3
16	2 1 2 3 4
17	1 3 2 5 5
18	2 4 7 2 5
19	1 7 2 6
20	5 3 4
21	2 3 2 1
22	1 2 1 1
23	2 10 1
24	1 9 1
25	1 8 1
26	2 2 4 1
27	1 7 4 3
28	1 10 5 1
29	1 12 3 1
30	18 1
31	18 1
32	17 1
33	13 6 2
34	11 6
35	8 5

Row clues (top to bottom):

Row	Clues
1	4 3
2	2 1 1 1
3	3 3 4
4	3 1 1 1 2
5	1 1 2 6
6	3 1 2
7	2 1 2
8	3 1 5 3 6
9	3 4 2 4 1 4 4
10	1 1 5 3 5 5
11	4 4 3 4 6
12	6 3 4 6
13	5 2 4 6
14	3 6 2 3 7
15	1 2 4 2 1 7
16	8 3 2 8
17	2 2 1 9
18	1 2 1 2 9
19	6 1 3 1 9
20	3 6 1 11
21	3 2 1 2 7
22	3 2 2 2 6
23	7 1 3 6
24	5 1 1 4 5
25	2 2 2 11
26	1 6 6 1
27	1 2 4 2 2 7 1
28	1 3 1 2 3 1 2 1
29	6 2 2 1 1 1
30	3 3 2 1 2 2
31	3 2 3 1 2 2
32	7 8 2 2
33	10 7 1 2
34	11 6 1 3
35	35

B68 특별한 날이 아닌데 받으면 감동 2배

난이도 ★★★☆☆

35×35

열	열 힌트
1	5 5 11
2	2 4 3 2 11
3	2 2 1 2 10
4	1 1 8 2 10
5	1 1 6 1 3 9
6	3 2 3 5 9
7	2 4 3 2 3 8
8	1 3 5 1 3 8
9	2 1 4 4 4 7
10	1 1 2 3 1 6 1 7
11	7 3 3 1 1 7
12	4 4 2 4 1 1 6
13	4 8 2 1 1 5
14	7 4 2 2 2 3 2
15	4 1 4 4 1 3 2
16	4 1 5 4 1 2
17	3 2 5 11 1 3 2
18	5 2 1 8 8
19	6 3 2 2 4 3 3
20	7 1 1 1 1 2 2
21	5 5 1 1 4
22	2 2 2 4 2 7
23	1 5 1 4 3 1
24	3 2 4 5 2 3 1
25	2 3 1 1 1 1 1 4 1
26	1 2 4 1 1 5 1
27	1 4 5 1 2 2 1
28	2 1 4 3 5 7 2
29	3 1 10 3 5 1
30	2 3 2 4 2 4 2
31	5 7 1 3 2 3
32	3 6 3 3 3 2
33	2 6 3 3 2
34	5 3 2 2
35	3 2 2

행	행 힌트
1	3 4 2
2	3 4 2 2 3 1
3	3 4 3 4 2
4	3 6 5 2 5 3
5	2 13 3 1 2
6	4 1 5 3 4 4
7	2 2 2 3 5 4 3
8	1 1 4 1 1 5 1 4
9	3 2 1 1 3 2 7
10	2 3 9 7 2 2
11	1 1 2 3 1 4 2 7
12	2 1 3 2 2 2 8 2
13	5 9 3 4 3
14	1 7 8 1 2 5
15	1 5 5 2 1 2 3
16	2 5 1 3 3 3 2
17	1 2 2 2 2 1 2 3 2
18	2 1 2 1 8 4 1
19	1 1 1 2 3 1 1 2
20	1 1 7 3 1 1 1
21	1 3 2 7 3 2 2
22	2 1 1 9 4 2
23	5 1 5 1
24	8 2 3 2
25	2 10 1
26	4 3 4
27	6 6 5 4
28	8 6 3 8
29	13 15
30	15 14
31	15 2 3 2
32	15 6 2
33	13 3 1 3
34	12 6 1 3
35	11 5 7

B69 양손으로 눈을 감싸요

난이도 ★★★☆☆

35×35

Column clues (left to right, top to bottom)

Column	Clues
1	1 4 2
2	2 5 1
3	1 7 2
4	5 8 2
5	2 12 1
6	2 10 5
7	1 11
8	1 11
9	1 10
10	4 7 5
11	4 1 4 7
12	5 4 10 8
13	6 2 2 1 4 1 2 6
14	5 2 1 2 1 4 2 1 3 1
15	5 2 3 2 1 1 1 4 1
16	6 4 1 1 2 1 7 1
17	4 6 2 1 1 1 7
18	6 1 4 2 1 1 7 1
19	6 2 1 1 1 2 1 1 4 1
20	5 2 3 2 1 2 1 3 1
21	4 2 2 2 1 2 1 2 6
22	6 1 2 1 1 1 8
23	5 4 2 5 1 7
24	4 10 5
25	3 1 6
26	3 10
27	6 11
28	1 13
29	1 10 5
30	2 9 2
31	1 8 1
32	1 7 2
33	2 5 2
34	2 4 1
35	1 2 2

Row clues (top to bottom, left to right)

Row	Clues
1	10
2	13
3	16
4	21
5	11 3 6 4
6	5 4 1 2 2 2 2
7	2 2 2 2 1 2
8	1 2 2 1
9	1 5 2
10	2 2 2 3 1
11	1 10 1 2
12	4 1 4 1 1 5
13	6 4 2 4 7
14	7 2 2 2 9
15	8 2 2 2 2 9
16	10 4 5 10
17	10 1 4 1 10
18	10 1 2 12
19	14 12
20	14 3 8
21	10 4 6
22	8 5
23	1 2
24	3 5
25	7
26	0
27	9 1
28	1 3 1 1 3 3
29	3 3 3 3 2
30	2 4 5 4 3
31	3 15 2
32	1 15 1
33	1 15 1
34	1 3 1 3 1
35	1 11 1

B70 노란 곰과 작은 분홍색 돼지의 만남

난이도 ★★★☆☆

35×35

Column clues (top to bottom, columns 1–35 left to right)

Column	Clues
1	4 6
2	4 2 8
3	5 4 2 3
4	7 1 2 1 2
5	6 1 1 1 1
6	4 1 1 5 3 2
7	4 2 3 2 11
8	3 4 4 3 5 2
9	3 1 5 2 5 1
10	3 2 1 1 5 1
11	4 1 1 1 2 8 1
12	5 4 2 3 5 3
13	7 2 1 2 8 1
14	7 2 2 1 9 1
15	4 3 3 4 6 4
16	4 2 4 2 4 2 2 3
17	6 1 1 6 3 1 4
18	5 3 3 1 1 1 7
19	5 1 2 1 2 2 3 2
20	4 2 2 4 3 1
21	2 1 1 2 2 1 1 1
22	1 1 1 2 2 1 1 1
23	1 1 2 2 3 2 2 1
24	2 1 2 3 4 1 4 1
25	4 1 1 8 2 1
26	5 9 1 2
27	6 8 2 2
28	4 2 9 1 2
29	3 2 9 1 2
30	3 2 11 1 3
31	4 15 1 3
32	5 10 4
33	4 11 5
34	3 4 11
35	3 6

Row clues (left to right, rows 1–35 top to bottom)

Row	Clues
1	35
2	21 12
3	20 11
4	7 12 5 3
5	3 3 3 2 1
6	2 2 2 2
7	1 3 4 3 2
8	1 2 1 2
9	1 1 3 3 2
10	2 1 1 1 2 1
11	1 1 1 1 1
12	5 5 6 2 1
13	2 3 3 3 1 3
14	2 2 4 2 3
15	2 1 1 2 5 5
16	5 2 1 3 6
17	1 6 8
18	2 7 13
19	1 20
20	3 4 2 12
21	2 5 2 11
22	1 2 3 9
23	1 2 2 7 1
24	1 6 4 1
25	2 3 4 2
26	10 4 5 1
27	18 3 1
28	2 10 7 1
29	1 10 2 2 1
30	2 8 1 1 2
31	2 1 1 1 1 1 3
32	2 1 1 2 2 4
33	3 1 2 4 6
34	4 3 1 5 10
35	35

B71 공포 영화를 볼 때 느끼는 감정이에요

난이도 ★★★☆☆

35×35

Column clues (left to right, top to bottom)

Column	Clues
1	7 2
2	1 1 5 3
3	2 3 3 1
4	2 3 5
5	7 3 2 3
6	16 2 2
7	20 2 2
8	17 3
9	21 6
10	12 14
11	8 1 6 2
12	7 1 3 4 2
13	6 1 3 2 3
14	5 5 2 2
15	4 2 2 2
16	4 3 1 5 1 2
17	3 1 2 2 1 2
18	4 1 2 2 1 2
19	4 4 2 2
20	4 1 1 2 2
21	5 1 3 2 2
22	6 1 3 2 3
23	7 1 3 4 2
24	8 1 6 2
25	9 2 9 1
26	26 4
27	17 5 2
28	18 2
29	15 3 2
30	11 2 2
31	3 2 4
32	2 3 6
33	1 3 3 2
34	1 1 5 2 3
35	5 9

Row clues (top to bottom, left to right)

Row	Clues
1	12
2	16
3	18
4	9 10
5	8 8
6	7 7
7	6 6
8	6 6
9	9 10
10	5 2 5
11	11 5 5
12	6 3 1 3 6
13	6 3 1 3 6
14	5 5
15	5 3 5
16	5 5 4
17	6 3 8 1
18	3 6 4 7 3
19	1 2 6 1 1 8 1 1
20	1 8 1 1 7 4
21	3 3 4 4 4 3 1 1
22	1 1 3 5 2 5 2 2 1
23	4 2 6 6 2 1
24	2 1 1 3 2 3 4 2 2
25	1 2 1 6 2 1 1
26	1 2 1 1 1 3
27	2 2 2 4 1 2
28	1 1 4 3 2 1 1
29	2 1 4 4 1 3 1
30	1 2 10 1 5
31	1 1 4 7 2
32	4 1 1 4 2
33	1 6 1 1
34	2 5 2 1
35	1 2 1 1

B72 뭐가 꽃이게~?

난이도 ★★★☆☆

35×35

Column	Clues (top to bottom)
1	4 4 13 1
2	3 1 1 2 13 1
3	1 1 4 3 13 1
4	1 2 1 2 6 1
5	6 1 2 3 1
6	1 1 3 5 3 1
7	3 1 7 6
8	15 2 2 2
9	12 3 3 1 2
10	12 1 6 1
11	9 5 2 3 1
12	9 1 3 1 3 1
13	9 3 2 4 1
14	6 3 1 1 2
15	8 1 2 1 3
16	5 3 2 3 2 6 1
17	6 1 1 3 8 1 1
18	7 3 6 1 1
19	8 1 2 2 4 1 1
20	8 3 2 4 1
21	9 3 2 5
22	9 1 2 2 3
23	9 5 4 2
24	12 2 3 1
25	13 2 5 1
26	15 1 2 1
27	3 8 1 2
28	4 2 6 1 3
29	1 2 2 5 2 3 1
30	1 5 4 5 1
31	5 1 3 9 1
32	1 3 1 3 13 1
33	2 1 3 1 1 13 1
34	3 1 3 13 1
35	4 13 1

Row	Clues (left to right)
1	11 6
2	4 13 1 1 2
3	1 3 15 2 1 1
4	3 1 1 17 9
5	1 22 1 3 1
6	1 3 8 12 1 2 1
7	3 2 6 2 9 3 3
8	1 8 2 8 5
9	4 6 2 6
10	4 5
11	3 4 4 4 4 3
12	1 1 4 2 2 5 1 1
13	3 4 2 1 2 5 3
14	2 6 2 7
15	4 1 1 6
16	3 2 5 1 6
17	4 2 5 2 6
18	3 1 3 3 3 1 3
19	4 2 2 2 1 5
20	3 1 6 2 4
21	3 3 4 2 4
22	3 3 2 3 4
23	3 1 2 2 2 5
24	3 2 1 2 1 1 5
25	3 1 2 3 3 5
26	4 2 1 1 1 6 5
27	4 3 2 1 2 7
28	4 4 1 2 2 6
29	5 2 2 1 1 1 6
30	7 1 1 2 7
31	7 1 6 7
32	2 2 1 2
33	2 1 2 1
34	9 10 9
35	6 6

B73 여기서 시작해서 무덤까지 가요

난이도 ★★★☆☆

35×35

Column	Clues
1	3 2
2	2 2 2
3	2 2 2
4	3 2
5	8 2
6	7 2
7	3 6 5 2
8	2 2 1 4 7 1
9	2 2 2 2 4 2 1 2
10	3 1 3 1 5 1 2
11	11 1 10
12	12 2 1 2
13	1 9 2 5
14	3 2 1 4 1 3 7
15	2 1 1 2 4 1 10
16	3 2 1 1 5 1 3 1 2
17	2 1 7 5 1 2 1 2
18	1 10 5 1 9
19	12 6 1 2 1 2
20	1 10 6 1 3 1 3
21	1 1 13 1 8
22	4 2 1 2 3 1 1 5 1
23	1 4 1 1 1 1 1 1 2
24	2 12 1 2 3
25	1 2 1 1 3
26	2 4 1 1 4 3
27	1 4 1 1 8 2
28	9 2 1 3 1 2 2
29	1 2 1 2 1 2 1
30	2 3 1 10 1
31	2 3 1 1 5 1 2 1
32	3 3 1 1 3 2 1 3 1
33	3 2 3 7 2
34	5 4 5 3
35	3 4

Row	Clues
1	8
2	2 1 1 3
3	1 2 1 3
4	9 3
5	1 3 1 1 2
6	3 1 4 1 1 2
7	5 11 1 1
8	1 2 3 1 6 1 1 2
9	3 1 5 1 5 1 1 2
10	2 1 1 2 10 1 3
11	1 3 2 1 5 1 2 1 1
12	2 2 2 1 5 1 1 2 1
13	2 2 4 4 1 1 2
14	2 7 4 1 2 2 1
15	4 2 6 1 1 2 3
16	2 14 1 7
17	2 14 5 1
18	2 17 4
19	1 11 4 1
20	2 2 4 2
21	15 1
22	2 2 2
23	3 2 1
24	2 2 2
25	2 2 5
26	3 1 10
27	17 2 1 3
28	3 1 9 2 1 2
29	2 1 3 1 3 9
30	9 1 2 2 1 2
31	2 1 10 3 1 3
32	3 1 3 1 2 7 1
33	9 1 3 3 4 2
34	7 4 7 6 3
35	8 4 14

B74 눈이 엄청 큰 원숭이예요

난이도 ★★★☆☆

35×35

Column clues (left to right, top to bottom)

Column	Clues
1	5 5 3
2	5 5 4
3	2 5 8 3
4	4 6 3 4
5	1 2 3 3 5
6	1 1 2 3 2 4
7	1 2 4 4 7
8	2 4 3 3 6
9	3 1 3 6
10	2 4 2 3 6
11	2 2 2 1 2 1 4
12	2 1 2 1 1 1 2 3
13	3 1 2 1 3 2 3 2
14	4 2 2 3 1 5 1
15	4 4 2 2 2 3 1
16	5 1 2 1 2 2
17	5 1 2 2 2 1 1
18	4 4 2 1 2 1 1
19	4 2 2 2 2 2 1 2
20	2 1 2 1 1 1 2 5
21	2 1 2 1 2 1 2 5
22	2 2 2 3 1 3 6
23	2 4 7 2 7
24	4 3 8 7
25	1 7 7 1 1 7
26	1 3 1 10 1 1 3
27	1 3 2 1 1 6 3 4 3
28	10 1 1 4 1 1 2 2 4
29	9 2 7 1 4 4
30	10 1 3 7 4
31	17 5 5
32	2 3 3 4 5
33	3 4 4 5
34	3 3 4 4
35	3 3 4 4

Row clues (top to bottom)

Row	Clues
1	7 5
2	12 9
3	6 15 4
4	2 3 6 2 4 1
5	1 1 2 2 5 2
6	2 3 4 4 7 3
7	4 2 2 2 2 10
8	1 1 1 2 1 1 2 1 2 6
9	2 2 1 2 1 1 2 1 1 6
10	3 2 2 2 2 2 1 2 2
11	8 4 4 2 1 1
12	5 2 2 2 5 1
13	4 3 2 1 4 1 3
14	2 14 4 5
15	1 6 2 6
16	2 3 1 8
17	1 1 2 3 10
18	3 3 3 7
19	3 5 3 6 1
20	3 7 4 2 2
21	3 3 5 1 3
22	3 3 7
23	2 1 5 5
24	2 2 2 2 5
25	1 2 2 8
26	2 2 1 4
27	2 2 2 2 3 1 1
28	5 2 1 2 2 3
29	10 3 2 3 2 5
30	14 3 6 6
31	7 4 6 7
32	7 11 7
33	6 12
34	5 11
35	5 8

B75 얌전히 잘 먹으면 너무 예뻐요

난이도 ★★★☆☆

35×35

Column clues (left to right, top to bottom)

Column	Clue
1	16
2	3 11
3	2 1 7
4	1 1 1 1 1 6
5	1 1 1 3 5
6	3 1 2 4
7	6 4
8	6 3
9	2 2 6
10	4 1 3 2
11	1 3 2 2 2
12	2 2 1 2 1
13	7 1 6 1 4 2
14	15 2 4 1 2 1
15	9 3 2 2 4 1
16	7 2 4 1 2 1 1
17	8 1 3 3 1 4 1
18	9 3 1 3 1 1 2 1
19	9 3 1 1 3 1 4 1
20	10 1 4 3 1 2 1 1
21	7 3 5 2 4 2
22	8 2 1 2 1 2 1
23	9 3 1 1 2 1
24	10 1 1 2 2 1 2
25	7 1 3 1 8
26	8 3 2 8
27	9 1 2 1 2
28	7 2 2 1
29	12 6 4 1
30	9 2 1 4 1 1
31	11 2 1 1
32	6 2 1 2
33	3 9
34	5 1 2 2
35	6 2 3

Row clues (top to bottom, left to right)

Row	Clue
1	10
2	14
3	16
4	18
5	18
6	20
7	20
8	8 3 7
9	3 4 3 1 4
10	3 1 1 4
11	3 4
12	2 4 4 1 1
13	1 2 2 1 1
14	2 2 1 2 2
15	4 2 2 2
16	2 2 5 6 2
17	1 4 3 1 2 1 1 5
18	2 2 1 2 7 2 1 5
19	1 8 1 2 2 3 1 4
20	1 10 4 2 3
21	1 5 12 1 2
22	1 2 1 1 6 1 2
23	2 1 2 2 4 2 1
24	4 2 2 1
25	2 8 2
26	2 4 13
27	3 2 3 3
28	4 2 9 2 1 1
29	5 5 3 8 2
30	7 1 5 3 3 2 2
31	9 9 2 1 1
32	10 2 3
33	11 4 4
34	3 4 7
35	9

B76 다섯 손가락으로 연기를 시작해요

난이도 ★★★☆☆

35×35

열	단서
1	17 16
2	17 3 10
3	16 1 1 10
4	14 1 11
5	7 5 1 1 2 8
6	7 5 2 9
7	8 7 2 5
8	5 2 1 1 2 1 2 3
9	6 1 1 7 2 1
10	8 3 1 8
11	9 1 9
12	3 8 2 7
13	4 5 1 2 6
14	3 2 1 2 1 4
15	3 1 1 6 1
16	1 1 2 2 5
17	2 3 1 7
18	3 2 2 5
19	7 1 4
20	6 2 2 3
21	6 2 1
22	13
23	15
24	2 3 8
25	1 1 1 11
26	1 1 2 1 6
27	1 2 1 1 2
28	1 4 2 1
29	5 1
30	2 1 1 1
31	2 1 3 5
32	3 4 5
33	2 9
34	11
35	13

행	단서
1	28
2	15 8 1
3	15 6 4
4	11 1 1 5 5
5	11 1 1 5 1 3
6	7 4 2 6 5
7	7 3 2 6 2
8	4 2 4 3 1 3 4
9	4 1 6 4 1 1
10	5 1 3 3 2 2
11	5 1 1 2 1 4 1
12	6 2 5 6 5
13	6 2 1 3 7 2
14	10 6 3 1
15	3 2 4 3 5
16	3 2 1 3 2 5
17	2 1 1 1 5 3 4
18	3 2 3 3 4
19	1 1 6 2 2 4
20	1 2 3 2 2 3
21	2 2 3 2 1 3
22	5 4 2 2 3
23	2 3 2 2 3
24	1 4 2 2
25	1 1 6 1 2
26	4 2 4 1
27	4 2 4 1
28	6 3
29	6 4
30	6 2
31	7
32	7
33	8
34	8
35	9

B77 모래주머니를 의미하는 영어 단어

난이도 ★★★☆☆

35×35

Column clues (top to bottom):

Column	Clues
1	7 12
2	2 2 13
3	2 1 1 3 4
4	1 3 1 1 3 3
5	1 4 7 4 4
6	2 7 9 2 2
7	5 7 8 2
8	6 6 2 5 3
9	3 1 6 3 4 2 1
10	4 4 4 5 1
11	3 5 3 1 4
12	2 2 1 5 7 3
13	2 1 1 11 3 3
14	3 3 3 7 3
15	2 1 5 5
16	1 1 4 3 2
17	1 2 3 2 1 2
18	1 1 5 1
19	1 1 1 1 1
20	1 1 1 1 1
21	4 10
22	5 10
23	2 3 10
24	2 3 5 1 1 1
25	7 2 3 3 1 1 1
26	1 9 2 1 1 1
27	3 4 2 1 1 1
28	3 3 1 1 1
29	1 3 1 1 1
30	1 3 1 1 1
31	3 13
32	3 14
33	1 17
34	3 13 1 1 1
35	17 1 1 1

Row clues (left to right):

Row	Clues
1	8
2	6 4 2 1
3	8 1 2 2 2
4	5 1 1 1
5	2 1 2 1 1
6	2 1 5 1
7	4 14 1
8	4 1 2 3 1
9	2 3 3 4 2 2
10	2 5 1 11 2
11	1 6 4 4 2
12	1 7 1 1 2
13	1 7 2 1 2
14	1 6 2 2 2
15	1 2 1 1 3
16	2 2 1 2 3
17	4 1 1 3
18	9 1 4
19	9 2 5
20	3 6 11
21	3 6 10
22	2 4 6 3 6
23	2 4 5 3 3
24	11 22
25	2 8 5 3 3
26	2 2 7 1 3 3
27	2 2 1 2 1 3 3
28	4 5 19
29	4 2 1 2 3 3
30	3 2 1 1 3 3
31	2 7 21
32	3 2 1 1
33	5 5
34	5 7
35	4 6

B78 눈망울이 예쁜 초식 동물 두 마리

난이도 ★★★½☆

35×35

Column clues (left to right, top to bottom):

Column	Clues
1	4 14
2	2 2 6 7
3	1 1 8 10
4	2 2 14 3
5	2 1 3 11 5
6	4 2 1 9 3
7	8 10 5
8	8 5 2 6
9	6 2 3 2 4
10	4 2 1 3 14
11	5 2 1 9 3
12	5 3 1 4 3
13	4 3 1 6 6
14	3 1 1 2 2 4
15	3 1 3 5
16	4 3 2 3
17	4 2 7
18	1 4 13
19	2 2 1 11
20	3 3 6 4
21	3 1 3 1 3 3
22	2 3 1 2 1 2 4 2
23	1 3 5 1 3 1
24	2 1 5 4 1 2
25	2 5 2 3
26	3 4 1 4 1
27	8 4 1 2 2 1
28	5 5 3 2 1 1 1
29	4 2 7 2 2 1 1 1
30	2 2 9 1 3 1 1
31	4 3 8 1 3 2
32	12 3 1
33	17 3 1
34	18 1 2
35	7 14

Row clues (top to bottom):

Row	Clues
1	1 2 3
2	8 5
3	10 3 1
4	11 3 1
5	9 2 6 3 2
6	4 4 7 4 2
7	2 2 2 3 2 2 5
8	1 3 5 4 2 2
9	2 4 1 2 3 4 2
10	4 1 1 2 1 3
11	4 4 2 3 4
12	3 2 4 7
13	13 2 7
14	2 5 2 1 7
15	8 1 1 2 4
16	9 1 7
17	7 1 1 1 3 7
18	7 2 1 1 6 5
19	8 1 1 3 4 6
20	1 6 1 2 4 5 5
21	6 4 11 5
22	5 5 5 5 1 3
23	2 2 5 5 1 7
24	4 2 3 5 1 1 2 4
25	4 5 2 3 1 8
26	4 5 7 1 2 3
27	3 6 8 2 2 2
28	1 6 10 3 1 1
29	1 2 2 1 5 5 1
30	1 1 1 1 1 1 3
31	3 1 1 2 1 1 1
32	3 1 1 2 2 3
33	3 4 2 5 1
34	3 1 2 3
35	3 9

C79 아름다운 밤이에요

난이도 ★★★★☆

30×40

Column	Clues
1	10 1 1
2	9 7 1 1
3	8 2 6 5 1 1
4	7 1 1 3 5 2 1 1
5	6 2 5 6 1 1 1
6	5 3 1 1 1 1 1 1 1
7	4 3 1 1 2 1 1 1 1
8	3 3 2 3 2 2 1 1 1
9	2 4 3 4 2 1 3
10	1 8 6 1 2 5
11	5 4 2 1 2 2 6
12	7 4 1 3 12
13	6 2 2 2 1 6 3
14	5 1 4 1 2 1 6
15	5 2 1 2 2 2 7
16	4 2 1 1 4 4 1 2 4
17	3 1 2 1 6 5 2 8
18	2 4 1 25
19	2 1 1 8
20	3 2 2 24
21	4 2 2 3 13
22	5 3 6 4
23	8 5 11
24	1 2 3 4 3 7
25	2 6 1 3 9 2
26	4 1 2 9
27	5 1 3 7
28	6 2 3 1 4
29	8 2 3 1 1
30	10 4 1 1

Row	Clues
1	10 9 7
2	9 11 6
3	8 7 3 5
4	7 6 3 5
5	6 6 2 4
6	5 4 2 3
7	4 4 4 3 1 2
8	3 2 1 2 2 2 2
9	2 2 1 3 1
10	1 4 1 2 1 1
11	3 3 4 2 1
12	2 3 4 2 2 1
13	1 3 4 2 1
14	2 5 7 2
15	4 2 1 1 2
16	2 3 2 2 3 6
17	2 1 1 4 5 1 2
18	4 1 2 6 1 2
19	2 2 1 6 2 1
20	2 1 6 1 1
21	3 3 4 1 1
22	1 2 2 1 1 2 1
23	1 1 5 1 1 1 1
24	1 4 4 1 1 2
25	2 1 3 1 1
26	1 1 3 1 2
27	1 2 4 1 1
28	1 3 2 2 2 2
29	2 3 1 2 2
30	1 2 2 6
31	1 4 4 6
32	1 2 4 1 7
33	2 2 2 2 4 2
34	5 8 8
35	8 11
36	15 2 2 5
37	3 5 11
38	18 5 3
39	10 9
40	3 2 4 9

C80 손잡이 없이 달려요

난이도 ★★★★☆

30×40

Column clues (left to right, top to bottom)

Column	Clues
1	3 2 4
2	1 1 2 2 1
3	2 2 1 1
4	2 2 2
5	2 2 1 2
6	3 3 1
7	3 3 1 2
8	5 2 1 1 1 6
9	5 1 2 4 10
10	3 3 2 5 3 4
11	6 5 1 1 2 4 3 1 2
12	24 2 3 3 2
13	4 3 1 9 7 3 2
14	3 4 4 1 3 2 2
15	3 1 1 1 4 4 3 5
16	2 1 1 12 7 2
17	3 2 6 6 4 3 2 2 2
18	7 6 2 10 1 2 2 4
19	1 2 4 3 3 1 1 4
20	2 2 1 3 1 4 1 4
21	1 1 2 1 1 2 12
22	3 2 1 4 2 7
23	1 1 1 5
24	2 2 1 3
25	1 1 9
26	3 2 1 1 2
27	2 2 2 2
28	2 2 1 2 1
29	1 1 2 1 1 2
30	3 9

Row clues (top to bottom)

Row	Clues
1	6
2	10
3	2 8 2 3 2 2
4	1 1 6 1 1 1 1 1 1 1
5	3 5 2 1 2 2 3 3
6	5 2 2
7	3 3 2 1
8	2 2
9	2 3 2
10	3 4 4
11	5 2 2 2 2
12	8 5 3 2 1 1
13	7 2 1 4 4 4
14	2 7 3 4 1
15	2 2 7 2 1 3
16	3 2 2 3 3 2 1
17	2 3 7 3 1
18	1 2 5 6 1 1
19	1 2 4 6 2 2 2 1
20	2 1 14 2 1
21	3 2 2 2 2 3
22	10 2
23	2 4 2
24	1 4 2
25	1 3 2
26	2 1 2
27	4 2 2
28	5 5
29	3 1 5
30	5 2 3
31	2 2 1 5
32	2 2 3 2
33	2 1 4 2
34	2 2 2 5
35	2 2 2 2
36	11 3
37	2 3 4
38	3 1 3
39	11
40	8

C81 호두도 잘 까고 발레도 잘해요

난이도 ★★★★☆

30×40

Column clues (left to right, read top to bottom):

Column	Clues
1	4 1
2	2 2 3 2
3	1 1 1 2 16
4	1 1 1 1 1 1 4
5	1 2 2 1 1 1 1 1 1
6	3 4 1 1 1 1 1 1
7	1 6 1 2 1 1 4
8	2 1 3 20
9	2 4 7 1
10	15 2 4 1
11	2 5 2 3 1 2 2 2 2 1
12	1 1 2 4 3 1 2 2 2 2 2
13	2 6 4 5 2 3
14	1 7 2 3 5 2 2 1
15	1 5 7 1 3 1 3 1
16	1 1 2 2 1 1 1 1 1
17	1 5 3 1 1 1 1
18	1 7 2 3 1 3 3 1
19	2 6 4 8 2 2 1
20	1 1 2 4 3 1 2 3
21	2 5 2 2 1 1 2 2 2 2 2
22	14 1 1 2 2 2 2 1
23	2 2 2 5 1
24	1 1 1 3 1 16
25	36
26	30 1 1
27	1 1 1 1 1 1 1
28	3 3 1 1 1 1 4
29	1 5 1 17
30	1 3 2

Row clues (top to bottom, read left to right):

Row	Clues
1	1 7 1
2	3 3 3 3
3	1 2 1 1 2 1
4	4 1 2 2 1
5	2 2 2 3 3 2 2 2
6	1 1 13 2 2
7	1 1 2 3 3 2 2 3
8	2 2 13 2 3
9	4 13 2 2
10	2 2 2
11	8 9
12	2 6 5 2
13	1 1 1 2 1 2 1 3
14	3 2 1 2 1 2 1 2
15	1 1 1 3 1 3
16	1 2 5 2 2
17	2 6 5 3
18	2 4 3 4
19	7 2 11
20	2 2 7 2 1
21	1 8 5 2 2
22	6 1 1 7
23	1 1 2 1 1 2 2 1
24	1 1 2 2 2 2 2 1
25	1 1 1 1 3 1
26	6 2 1 1 2 6
27	1 1 2 2 2 3 1
28	1 1 3 1
29	1 1 2 2 3 1
30	1 2 2 2 3 1
31	1 2 4 1
32	1 3 4 4 1
33	12 11
34	1 19 1
35	1 3 1 1 3 1
36	1 2 2 2 2 1
37	6 2 2 6
38	1 7 6 1
39	1 2 10 2 1
40	5 5

C82 늘 웃고 있는 초음파 제조기

난이도 ★★★½☆

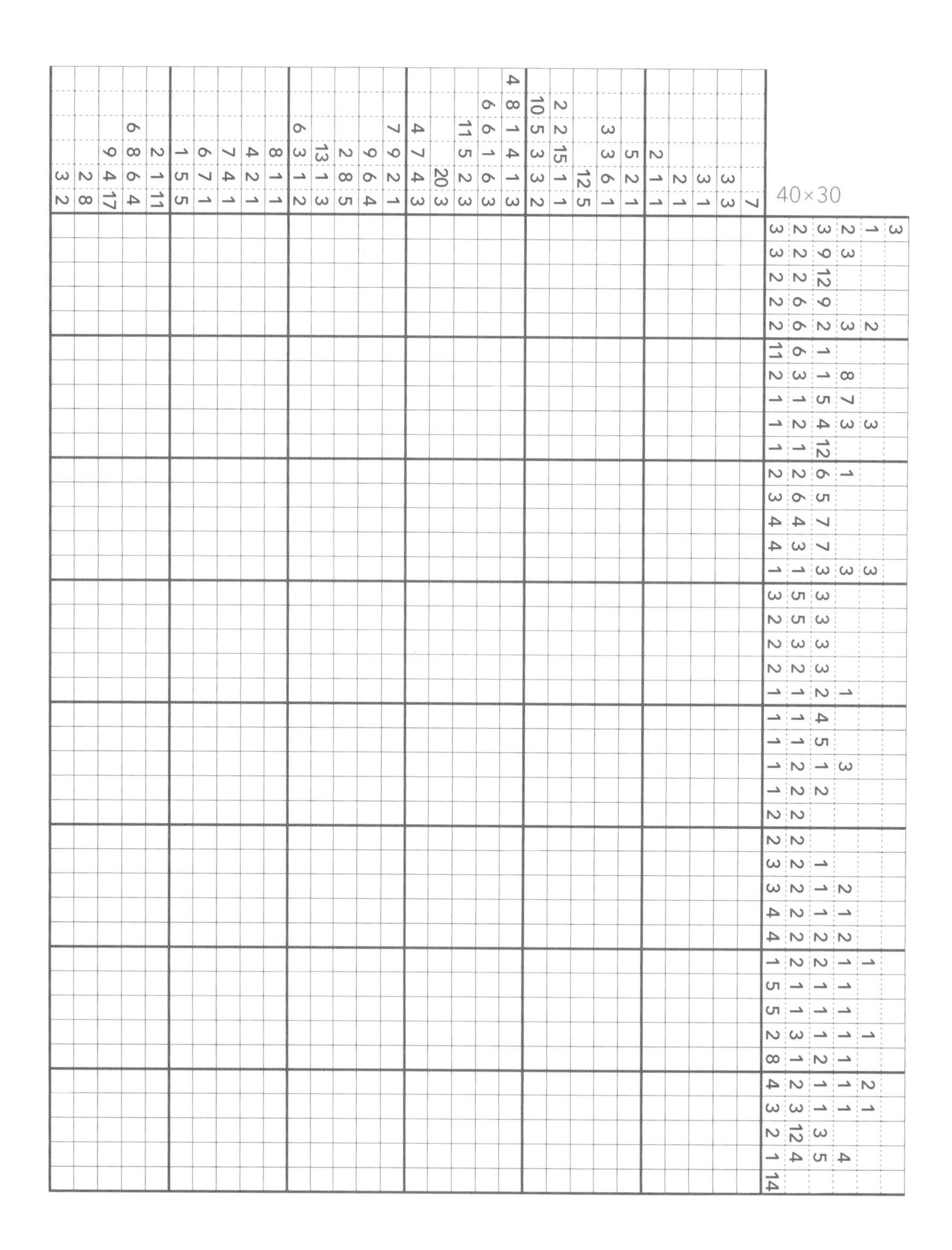

C83 안 탈 때는 티를 내요

난이도 ★★★☆☆

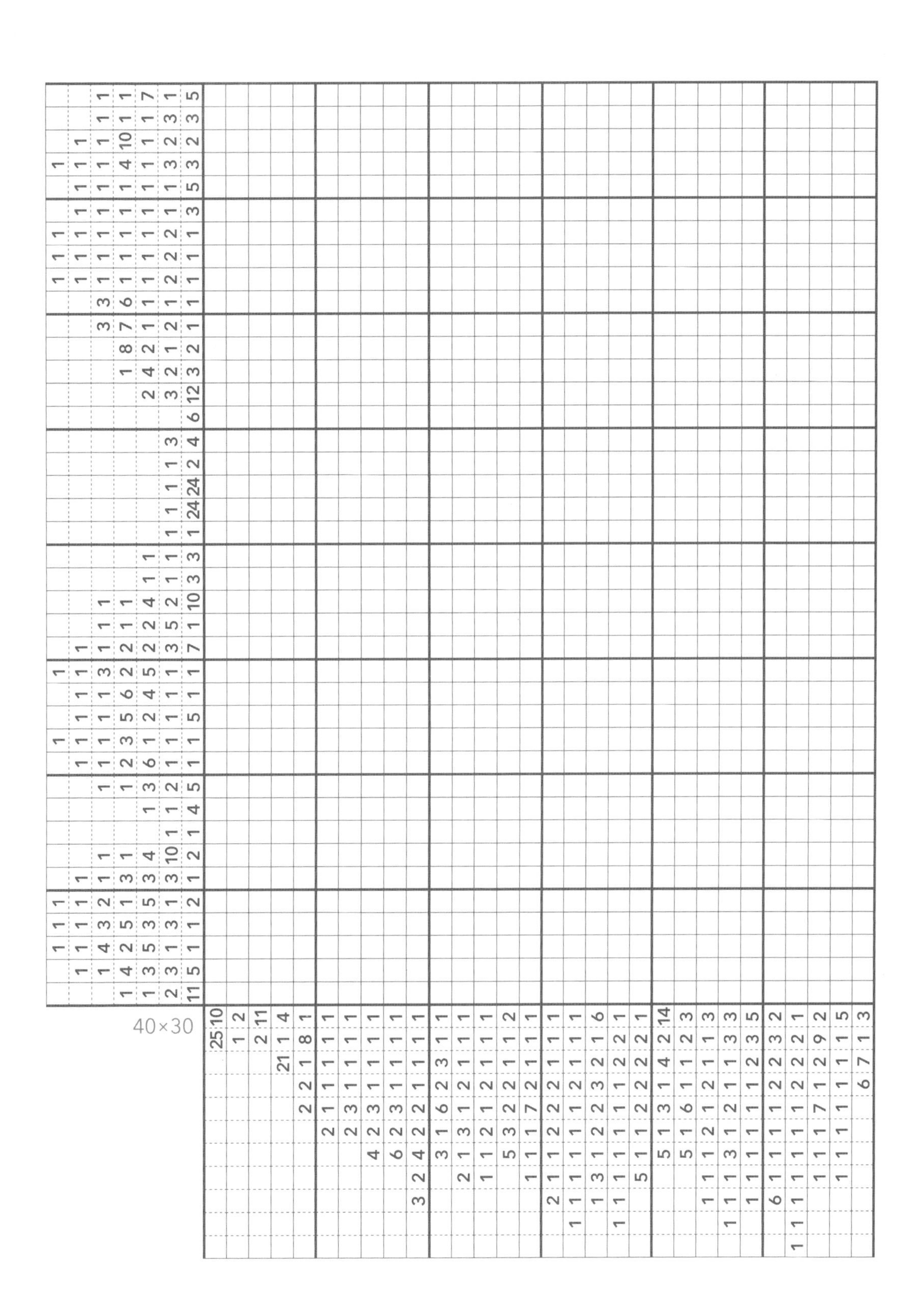

C84 오래된 자동차를 뜻해요

난이도 ★★★☆☆

40×30

Column clues (left to right, top to bottom)

Column	Clues
1	7
2	3 9
3	6 10 3
4	4 1 1 1 2 2 3
5	3 3 6 5 2
6	2 1 3 3 2 3 1 2
7	2 5 6 7 2
8	1 3 4 2 1 6
9	3 8 2 4 6
10	2 3 5 2 2 2 3
11	1 4 4 4 2 6
12	1 8 2 3 3 3 1
13	3 4 1 2 3 2 2
14	1 2 4 2 3 2 4
15	1 4 4 5 4 3
16	4 3 3 1 2 2
17	3 3 5 1 2 2
18	4 3 4 2 2 1
19	5 2 5 1 1 3
20	3 1 10 1 1
21	22 1 1 1
22	1 20 1
23	15 14 1 3
24	15 2 4 1 1 1 3
25	16 2 1 1 1 3
26	17 2 1 1 1 4
27	29 3 4
28	18 5
29	40
30	40

Row clues (top to bottom)

Row	Clues
1	4 5 8
2	2 5 3 8
3	2 2 6 8
4	1 1 2 3 1 8
5	5 4 1 2 8
6	1 1 4 2 1 8
7	1 1 5 1 1 8
8	2 1 1 2 3 1 8
9	1 2 1 1 2 1 2 8
10	1 1 4 2 1 1 8
11	4 5 2 1 2 8
12	1 1 4 1 1 1 8
13	5 4 2 1 8
14	1 5 1 10
15	6 4 2 8
16	1 1 3 2 3 1 6
17	1 1 3 1 2 1 5
18	1 1 1 2 4 2 4
19	1 1 1 5 1 2 1 2
20	1 2 1 3 1 3 1 2
21	2 2 1 2 7 2
22	4 1 1 2 7 2
23	7 1 1 3 1 2
24	3 3 2 2 3 1 2
25	2 4 1 1 4 1 2
26	2 2 2 1 6 1 2
27	3 5 1 6 1 2
28	4 3 1 6 1 2
29	9 1 4 1 2
30	6 2 7 2
31	2 1 6 2
32	2 6 7 2
33	2 2 2 2 1 2
34	2 1 1 1 1 2
35	4 2 3 2 2
36	5 2 4 3
37	2 2 2 1 5
38	6 4 8
39	5 1 8
40	14

C85 주로 겨울에 단체로 해요

난이도 ★★★☆☆

40×30

Column	Clues
1	2 15
2	2 3 5 2
3	2 1 3 2 3 1
4	2 2 3 1 3 1
5	4 1 1 1 1 1 1
6	4 1 1 4 1 1
7	4 2 3 1 2
8	3 1 2 1 1 2 4
9	3 1 1 1 1 3 6
10	5 1 1 3 1 2 5
11	3 1 1 2 6 2 5
12	3 8 7 6
13	3 2 1 3 4
14	3 4 1 1 2 4
15	3 10 2 6
16	5 2 3 4 5
17	4 3 5 1 1 4
18	3 6 1 1 1 2 4
19	3 3 1 4 1 4 4
20	2 3 4 1 1 2 5
21	1 3 3 1 1 1 4
22	1 1 1 1 1 1 2 4
23	2 2 2 4 1 3 5
24	2 3 2 3 7
25	3 3 7 2 4
26	4 7 3 5
27	6 6 1 6
28	4 3 3 2 1 2 4
29	4 2 1 3 4
30	4 8 1 5
31	5 5 4 6
32	3 3 2 1 2 2 6
33	1 1 2 1 1 1 4
34	1 1 1 1 1 1
35	1 1 1 1 1 1 1
36	3 1 1 1 1 1
37	1 1 1 1 1 1 1
38	1 1 1 2 1 1
39	1 1 1 2 5 2
40	3 1 3 3

Row	Clues
1	33 3 2
2	20 10 1 1
3	15 16
4	4 1 2 6
5	4 4 2 1 2
6	2 2 1 1 7 2 1
7	3 3 3 1 5 3 1 2
8	1 2 1 7 3 1 8
9	1 2 2 5 3
10	1 4 4 2 1 1 3 6
11	2 2 1 2 1 1 1 3 2 2
12	3 7 3 4 4 1 2
13	6 2 3 2 4 1 4 1
14	2 1 4 15 2 4
15	3 2 1 1 1 1 1 1 4 2
16	1 2 1 1 1 1 1 1 2 1
17	1 2 3 2 1 5 1 1 8
18	1 3 2 1 1 2 3 2
19	2 3 5 6 1
20	7 2 12 2 2
21	4 1 2 3 2
22	3 1 3 2 2 6
23	2 2 2 2 2 1
24	2 2 7 3 2
25	3 4 2 1 1 3
26	4 2 1 2 2 3
27	23
28	23
29	23
30	21

C86 그리스 로마 신화 '헤라'를 상징하는 새예요

난이도 ★★★☆☆

40×30

세로 열	힌트
1	3 3 1
2	2 1 1 4
3	2 4 1 1 1 2 1
4	1 1 1 5 3 1
5	1 1 3 3 1 5
6	1 1 3 1 1 1 1 5
7	4 1 2 1 2 3 1
8	1 1 5 1 4 1
9	3 5 3 3 1
10	1 2 2 1 1 1 2 2 1
11	1 3 1 4 4 2 4 1
12	1 3 1 3 3 3 1
13	5 1 5 1 1 4 1
14	3 1 4 1 2 1
15	6 3 2 1 1
16	2 2 7 1
17	2 4 6 2 2
18	3 2 3 3 7
19	2 2 1 2 1 1 1 6
20	1 12 1 1
21	1 3 1 2 3 6
22	3 2 2 4 7
23	2 3 6 2
24	2 3 1 2 1 2 1
25	3 4 1 4 1
26	4 1 2 6 1
27	3 3 1 8 1 1 1
28	6 1 1 1 1 2 1 3 1
29	1 3 2 5 2 3 1
30	1 2 1 3 5 5 1
31	4 2 1 1 1 1 1 1
32	5 4 3 1
33	1 1 3 6
34	3 1 4 1 2 1 1
35	5 2 2 1 2 1
36	1 1 3 4 1 5
37	1 1 2 5 3 1
38	2 4 1 1 1 2 1
39	3 2 1 4
40	3 3 1

가로 행	힌트
1	6 3 5
2	3 3 2 1 4 3
3	1 1 1 1 3 2 1 2
4	1 3 5 3 1
5	5 3 5
6	4 1 1 1 1 1 3
7	3 2 1 2 1 2
8	4 2 5 3 2 4
9	1 1 5 1 1 1 4 1 1
10	1 3 1 3 2 1 3 1 3 1
11	5 1 1 4 4 4 1 5
12	5 1 1 2 2 2 1 6
13	3 1 3 3 1 2
14	7 2 2 2 1 6
15	3 2 1 1 1 1 2
16	2 9 4 5 1 3
17	3 2 1 2 3 1 2 1 1 2 2
18	1 2 2 8 1 5 1 1 5 1
19	1 10 2 3 1 1 6 1
20	1 2 2 5 1 7 4
21	3 2 2 2 8 3
22	2 2 1 1 2 2 2
23	2 6 6
24	3 6 3 5 2 2
25	5 1 5 5 2
26	6 1 1 2 2 1 5 3
27	5 1 2 2 2 2 8
28	1 3 1 1 2 2 1 2 3 1
29	1 2 3 3 1 1 1
30	40

C87 우리말로 치면 '다과 시간'이래요

난이도 ★★★☆☆

40×30

Column clues (left to right, top to bottom):

Column	Clue
1	2 1 10
2	2 1 4 2
3	2 1 1 4
4	5 2 3
5	8 1 4 2
6	5 5 7 1
7	8 5 1 1
8	5 2 3 1 1
9	6 2 3 2 2
10	4 2 1 1 12
11	4 2 2 1 8 3
12	3 3 2 11 2
13	2 1 1 8 2 1
14	4 2 2 2 2 2 1
15	9 3 1 5
16	7 3 1 6
17	2 1 3 1 6
18	2 1 2 2 2 2
19	7 1 5 1 2
20	7 1 1 2 2 3
21	1 1 1 2 2 2
22	1 8 4 1
23	9 8 1 1 1
24	3 2 1 1 1
25	2 2 1 1 1 1
26	7 3 1 4 2
27	9 2 2 1 2 2
28	10 2 1 3 2
29	4 3 1 5 2 1
30	3 2 3 3 1 2 1 1
31	2 2 1 1 4 1 1 1 1
32	2 3 1 1 1 1 1 1 1
33	3 2 3 1 1 1 1 2 1 1
34	4 3 1 1 1 2 2
35	5 3 2 2 1 3
36	10 5 4 1
37	10 4 1 1
38	8 1 1
39	6 3 4
40	18

Row clues (top to bottom, left to right):

Row	Clue
1	8 2 1 7
2	10 2 1 10
3	8 3 2 1 4 5
4	7 3 2 1 3 4
5	6 2 2 1 2 1 1 4
6	7 3 8 1 3 1 1 3
7	5 1 2 7 1 3 1 3
8	2 1 2 2 1 3 3 4
9	6 3 9 4 2 5
10	4 2 2 14
11	4 2 5 6
12	2 5 2 5 2
13	4 7 2 1 1 2
14	3 2 7 1 3 2 1
15	1 1 2 3 6 2 7 1
16	1 2 2 1 2 1 2 2 1
17	2 1 2 2 2 3 3 3 1
18	1 1 6 6 1 3 5 1 1
19	1 1 3 5 2 1 2 1
20	1 2 3 2 2 1 1
21	1 2 3 1 4 7 1 2
22	1 2 3 2 9 6
23	1 2 3 5 4 2
24	1 7 3 5 2 2 1
25	1 5 2 2 2 1 1 1
26	2 1 5 2 2 4 1
27	2 1 2 2 5 2
28	2 3 1 3 6
29	10 1 17 2
30	3 5 2 3 2 2

C88 두들겨보고 건너야죠

난이도 ★★★☆☆

40×30

열	힌트
1	5 14 8 3
2	4 21
3	2 9 5 2 4
4	2 5 4 7
5	11 7 6
6	11 4 2 3
7	3 4 9 6
8	3 1 2 9 8 5
9	2 7 1 3 3 4 6
10	2 2 5 2 4 2 3
11	5 3 1 2 1 5 1 2
12	8 2 1 2 4
13	3 2 5 2 1 2 1
14	8 10 3 1
15	4 3 2 1 5
16	3 2 2 5 2
17	3 3 2 6 4 5
18	3 1 5 2 1 1 2 6
19	3 3 2 1 4 5 1 3
20	3 3 2 1 2 2 1 1 1
21	3 6 1 2 1 5
22	3 6 2 2 2
23	3 2 4 2 5 3
24	3 7 1 3 1
25	4 2 5 1 5 1
26	5 11 6 1 2
27	1 4 7 7 1
28	1 6 5 9
29	2 2 3 8
30	3 2 3 5

행	힌트
1	3 2 18
2	3 2 1 14 2
3	2 1 1 15 1
4	2 3 1 2 4
5	1 5 1 1 3 5
6	1 5 1 1 1 2 4
7	1 3 2 2 4 2 1
8	1 2 3 3 1 2 3 2
9	1 2 2 3 2 1 1 2 3
10	7 2 4 1 3 2
11	1 5 1 1 5 5 1
12	1 5 2 1 9
13	1 5 3 8
14	1 3 1 2 4
15	1 2 3 1 3
16	1 3 3 2 2 3
17	1 1 7 1 2 1 2 3
18	1 1 4 1 1 3 2 2 1
19	1 1 4 1 4 3 1
20	3 1 2 3 1 1 1 1
21	3 1 4 1 3
22	2 1 3 1
23	2 5 1
24	2 3 1 5
25	1 2 1 1 1 2
26	1 1 7 1 1 2
27	1 1 3 1 2 5 1 1
28	2 1 2 1 3 6 4
29	2 1 2 2 1 2 5
30	2 6 1 7
31	3 4 3 2 7
32	3 1 4 1 2 8
33	2 1 2 2 4 1 4
34	2 2 4 2 2 5
35	2 2 2 1 3 2 1 3
36	1 2 2 1 2 1 1 5
37	4 2 5 4 1
38	4 1 4 1 1 1
39	4 1 3 1 3
40	4 1 3 1

C89 무리 생활을 하면서 풀을 먹어요

난이도 ★★★★☆

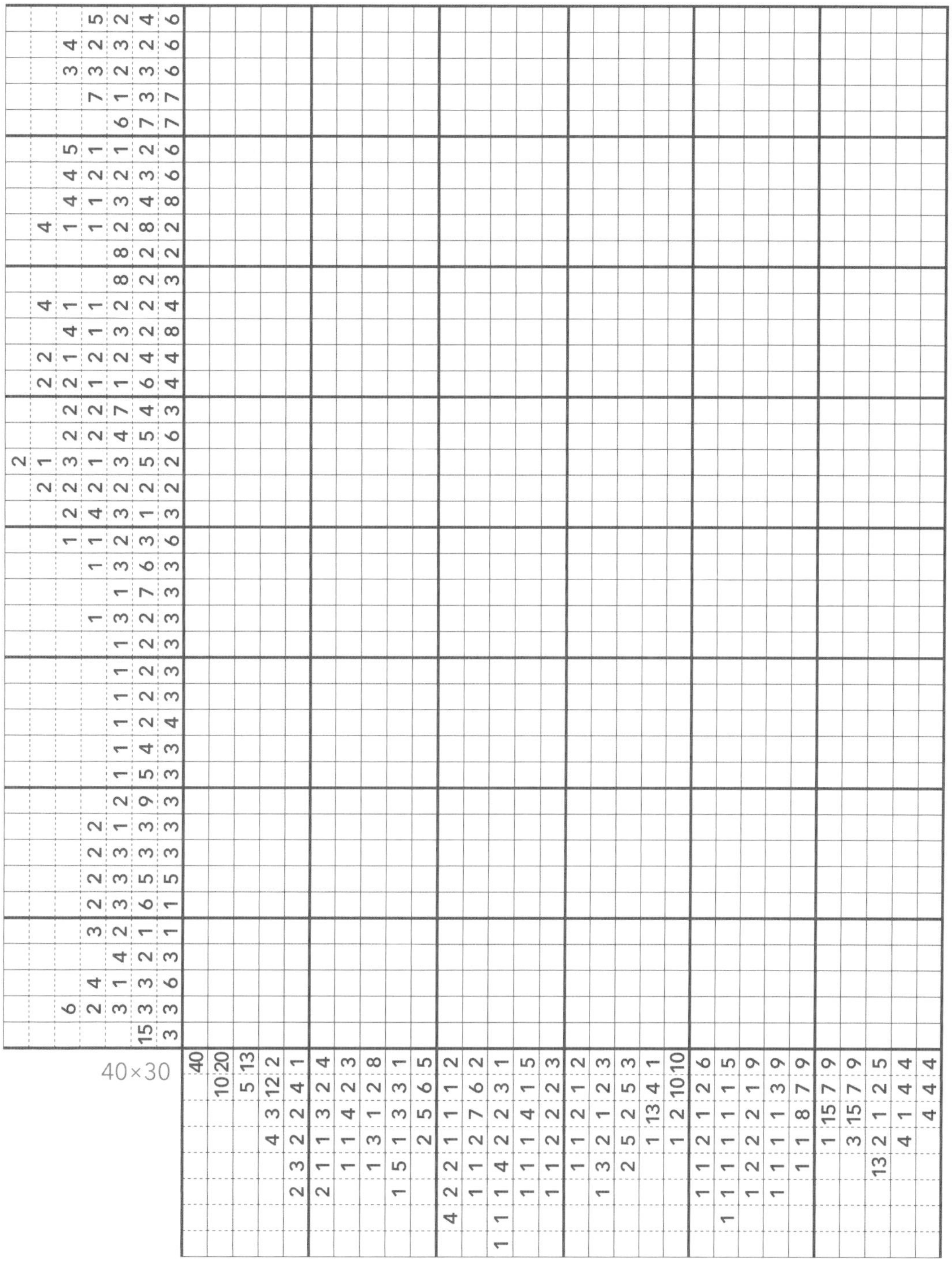

40×30

Column	Clue
1	15 3
2	6 2 3 3 3
3	4 1 3 6
4	4 2 3
5	3 2 1 1
6	2 3 6 1
7	2 3 5 5
8	2 3 3 3
9	2 1 3 3
10	2 9 3
11	1 5 3
12	1 4 3
13	1 2 4
14	1 2 3
15	1 2 3
16	1 2 3
17	1 3 2 3
18	1 7 3
19	1 3 6 3
20	1 1 2 3 6
21	1 4 3 1 3
22	2 2 2 3 2 2
23	2 1 3 1 3 5 2
24	2 2 4 5 6
25	2 2 7 4 3
26	2 2 1 1 6 4
27	2 1 2 2 4 4
28	4 1 3 2 8
29	4 1 1 2 2 4
30	8 2 3
31	8 2 2
32	4 1 1 2 8 2
33	4 1 3 4 8
34	4 2 2 3 6
35	5 1 1 2 6
36	6 7 7
37	7 1 3 7
38	3 3 2 3 6
39	4 2 3 2 6
40	5 2 4 6

Row	Clue
1	40
2	10 20
3	5 13
4	4 3 12 2
5	2 3 2 2 4 1
6	2 1 1 3 2 4
7	1 1 4 2 3
8	1 3 1 2 8
9	1 5 1 3 3 1
10	2 5 6 5
11	4 2 2 1 1 1 2
12	1 1 2 7 6 2
13	1 1 1 4 2 2 3 1
14	1 1 1 4 1 5
15	1 1 2 2 2 3
16	1 1 2 1 2
17	1 3 2 1 2 3
18	2 5 2 5 3
19	1 13 4 1
20	1 2 10 10
21	1 1 2 1 2 6
22	1 1 1 1 1 1 5
23	1 2 2 2 1 9
24	1 1 1 1 3 9
25	1 1 8 7 9
26	1 15 7 9
27	3 15 7 9
28	13 2 1 2 5
29	4 1 4 4
30	4 4 4

C90 몸으로 칙칙폭폭!

난이도 ★★★★½

40×30

Column clues (as printed, top to bottom):

Column	Clue
1	5 10 11 4
2	1 1 1 2 1 1 2 1 1 2
3	2 1 1 2 1 2 3 1 1 1
4	5 4 6 6 1 1 1 1
5	5 6 1 7 1 1 1 1
6	6 6 1 6 1 2 1
7	5 7 1 4 1 2 1
8	5 6 1 4 8
9	12 1 2 10
10	11 2 2 10
11	7 2 9 9
12	4 1 2 1 1 8
13	1 2 1 1 1 1 1
14	1 2 1 1 1 1 1
15	1 5 1 1 1 1
16	1 1 1 1 3 1 4 1
17	1 1 1 2 5 1 1
18	2 10 2 1 1
19	2 3 1 2 1 2 1 1
20	1 1 3 1 1 10 1
21	1 22 1 2 5
22	4 2 2 1 2 3 1 3 5
23	2 1 3 2 1 3 2 1 1 4
24	1 1 2 1 2 1 3 2 1 5
25	1 1 1 1 3 2 2 4 1 7
26	1 2 3 1 4 2 5 1
27	1 3 6 3 7 6 2 1
28	1 11 3 7 6 2
29	1 11 10 8
30	3 7 8 4

Row clues (as printed, left to right):

Row	Clue
1	3
2	3 4 4 1
3	1 8 5 1
4	1 11 2 1 2
5	1 9 4 8
6	1 9 2 4
7	5 4 1 2 4
8	3 3 2 3
9	5 1 3 3
10	8 1 3 4
11	6 2 2 2 4
12	2 7 3 4 4
13	1 9 1 1 3 6
14	1 5 2 1 1 9
15	1 4 4 2 1 6
16	2 1 5 1
17	4 1 1 7
18	1 6 4 2 1 4
19	1 1 2 3 1 1 2 4
20	1 1 2 2 3 2
21	4 1 8 1 4
22	3 1 1 1 1 4
23	4 1 1 2 4
24	2 6 1 4 6
25	1 9 2 10
26	1 6 2 2 1 7
27	1 3 1 3 2 5
28	2 2 4 1 1
29	4 1 1 7
30	1 1 6 1 4
31	1 4 2 1 1 2 3
32	1 5 4 3 5
33	1 5 1 3 1 5
34	5 5 1 1 6
35	7 2 2 2
36	2 7 3 4 1
37	1 3 5 5 3
38	1 5 6 1
39	2 7 3 7
40	4 8 4

C91 면허 없이도 운전할 수 있어요

난이도 ★★★☆☆ (3.5)

40×40

열 힌트 (세로, 위→아래)

열	힌트
1	3 9
2	3 7 5
3	3 3 4
4	3 9 4
5	3 2 8 3
6	2 2 2 5 3
7	1 1 1 1 5 3
8	5 2 1 5 3
9	8 3 1 1 2 3
10	4 2 1 2 2 3 2
11	3 1 1 7 3 3
12	3 1 4 2 1 1 3
13	2 2 1 2 1 1 3 3
14	3 1 2 2 4 1 1 3
15	7 2 1 1 3 3 3
16	1 3 1 7 3 3 7
17	2 4 2 2 1 1 5 4
18	4 2 2 2 3 3 3
19	7 2 3 1 1 2 4 3
20	3 2 5 2 3 2 2 2 3
21	3 2 2 2 3 3 2 1 3
22	3 2 3 1 2 3 2 4 3
23	3 2 5 4 2 4 3
24	7 8 1 1 2 1 3
25	1 4 2 2 3 3
26	1 6 1 1 1 3
27	6 4 2 1 3 3
28	3 1 7 2 3 1 1 3
29	3 1 3 1 2 2 3 1 3
30	3 1 2 2 1 5 2 3
31	3 1 2 1 2 6 2
32	3 1 3 1 1 1 1 2 2
33	3 1 4 2 4 1 3
34	6 7 1 1 2 2
35	1 4 2 1 2 3
36	1 1 2 6 2
37	6 3 9 3
38	3 1 6 3
39	3 1 4 3
40	3 1 12

행 힌트 (가로, 왼쪽→오른쪽)

행	힌트
1	7 6 9 8 4
2	6 8 8 8 4
3	5 5 3 7 8 4
4	5 2 2 1 1 1 1
5	2 2 1 5 1 1 1 1 1
6	2 2 1 1 1 6 8 4
7	2 2 2 1 8 2
8	2 11
9	3 3 2
10	1 3 5 2
11	1 2 9 2
12	1 2 3 2 3 3
13	1 2 1 6 1 1 1
14	2 3 2 1 1 2 2 5
15	2 8 1 4 1 7
16	1 4 10 1 2 4
17	1 4 2 2 2 1 5
18	1 5 4 3 1 2 1
19	2 2 1 1 1 2 2
20	2 2 2 2 2 2 2
21	3 14 2 9 2
22	4 2 1 2 1 2 4 2 2
23	4 10 8 5
24	5 3 6 2 1
25	6 3 2 5 1 1
26	23 1 1 1 1
27	14 6 1 2 1
28	8 1 2 7 1
29	1 2 2 3 2 1
30	2 2 3 2 2 1
31	1 1 2 5 1 3 1
32	1 6 2 3 1
33	2 1 6 3 2
34	3 3 1 2 3
35	4 5 3
36	5 4
37	6 5
38	17
39	13
40	8

난이도 ★★★☆☆

40×40

																		7	7																				
																6	7	3	1			7																	
										5	7	8	8			1	3	1	2		9	3	10																
		4				5				1	3	3	1	5		2	1	1	1	8	2	1	1	6										2		1			
		9	4	2	4	4	8		7	4	3	1	1	2	5	1	1	2	1	6	1	1	1	1					2	10	1	1	1	2	1	1	2		
		1	6	2	4	3	8	18	6	1	5	3	5	3	3	1	1	1	1	1	3	1	1	1				1	2	2	2	2	2	5	3	1	1	2	
	16	1	3	2	2	1	6	2	5	3	2	3	2	1	6	2	1	1	1	1	1	1	5	3	5	1	3	6	3	8	9	8	11	5	6	5	8	9	
29	6	5	4	3	3	3	3	4	2	2	2	4	2	3	2	1	2	2	1	3	3	1	1	2	2	2	3	4	7	3	3	1	3	3	9	7	9	9	26

							10
							15
							17
							17
							19
						8	9
					4	4	8
					4	3	5
				3	4	1	2
			2	4	2	1	2
				1	2	2	1
					9	2	13
	10	2	2	1	1	2	4
	4	5	5	6	2	1	2
4	6	3	1	1	1	1	2
		2	5	7	1	1	1
	4	9	6	1	1	1	1
	4	7	3	5	1	1	1
	9	1	7	2	1	3	1
	6	1	1	3	1	7	1
		4	2	1	1	11	1
4	1	1	2	1	2	1	2
3	1	2	3	1	1	1	3
		3	1	3	7	2	4
		3	3	1	1	1	5
		2	3	1	6	2	7
	2	3	1	2	1	1	8
		1	4	2	1	4	9
	1	2	1	2	1	6	3
	1	2	2	2	4	6	3
			1	2	5	4	1
				1	4	6	3
				1	2	6	3
					1	2	11
				2	2	3	7
				3	2	3	7
				4	2	1	5
					9	3	7
					9	3	7
						9	11

C93 인도에서 구경해봐요

난이도 ★★★☆☆ (3.5)

40×40

Column clues (top to bottom)

Column	Clues
1	1 1 1 9
2	1 1 1 3 2 7
3	1 1 1 7 1 3 5
4	1 1 1 2 4 1 2 1 2
5	1 1 1 1 1 5 1 1 1
6	1 1 1 1 1 3 4 1 1 1
7	1 1 1 2 1 6 5 2 1
8	1 1 1 5 2 2 1 7 1
9	1 1 1 2 3 1 5 1
10	1 1 1 2 2 1 2 3 1
11	1 1 1 5 1 1 5 1
12	1 1 1 2 2 1 2
13	3 1 2 1 2 1 2 1
14	3 1 6 2 3 2 1 2
15	6 2 2 3 9
16	4 3 1 2 8
17	4 4 4 6
18	4 2 2 4 6
19	4 1 4 1 6
20	7 1 3 2 6
21	4 2 1 3 1 7
22	4 1 2 2 2 1 4 8
23	2 2 4 3 5 2 1 11
24	2 3 1 1 2 2 1 1 7
25	2 3 2 3 2 2 1 4
26	1 1 2 1 1 2 3 1 3
27	1 1 3 1 5 1 1 2
28	1 2 4 6 3 1 2
29	2 1 4 2 3 1 1 2 2
30	1 2 2 2 3 2 3 2
31	2 1 3 5 1 1 2
32	1 1 2 3 6 3 2 2
33	1 2 1 1 17 3
34	2 4 1 16 2
35	3 2 2 16 3
36	10 15 3
37	4 15 4
38	4 13 4
39	4 11 5
40	4 15

Row clues (left to right)

Row	Clues
1	29 9
2	13 3 7
3	22 3 3 6
4	9 3 2 5
5	1 1 3 3 1 1
6	15 1 4 5
7	2 6 3
8	4 2 3 3 1
9	4 3 4 3 1
10	1 1 1 1 1 1 4 2
11	2 2 1 1 1 1 5
12	2 2 2 2 3
13	2 3 2 2
14	2 1 2 2
15	5 5 5 5
16	2 2 2 2 2 9
17	1 2 4 1 1 12
18	2 3 1 1 13
19	2 3 4 4 2 8
20	2 2 2 7 1 7
21	2 2 1 3 2 7
22	3 1 1 5 2 7
23	2 1 3 2 5 8
24	3 1 6 8
25	3 1 2 2 9
26	5 3 4 11
27	2 3 1 3 2 3 3 9
28	2 3 1 3 7 8
29	1 6 1 2 1 3 9
30	1 2 4 5 2 3 6
31	3 7 4 1 2 4
32	11 5 1 2 1
33	2 9 2
34	3 10 3
35	3 1 8 4
36	3 2 7 6
37	3 3 7 8
38	10 7 7
39	13
40	9

C94 긴 생머리에 높은음을 내요

40×40

Column	Clues
1	3 5 9 4 2 1
2	17 2 2 4
3	9 4 5 1 1 2
4	6 6 2 6 4
5	11 3 5 4
6	1 7 2 1 7 3
7	7 2 7 3
8	5 2 2 7 4
9	3 1 2 6 2
10	1 3 2 7
11	6 4 6
12	6 8 3 1 4
13	9 6 2 3 2 2
14	11 6 4 2 2
15	7 2 4 2 1 4
16	6 3 2 4 4
17	7 5 2 3 2 1 2
18	7 1 3 1 5 2 4
19	6 2 2 2 2 2 1 4
20	6 3 2 1 3 1 2 4
21	6 4 6 2 2 4
22	6 2 3 2 2 1 3
23	8 1 6 1 3
24	7 2 2 1 1 2 4
25	9 3 2 1 2 2 4
26	6 1 3 4 1 1 3 2 1
27	7 5 2 1 4 4
28	13 2 4 4
29	11 2 5 1 2
30	9 3 7 4
31	10 2 2 4 8
32	12 2 8 7
33	12 2 11 4
34	2 9 8 4 2
35	2 10 5 4 2
36	2 10 5
37	2 11 4
38	2 2 3 5 3
39	2 3 3 3 1 3
40	1 2 2 3 2 3

Row	Clues
1	2 7 11 3
2	5 3 16 8
3	9 25
4	7 21 2
5	8 29
6	7 28
7	3 3 7 3 11
8	6 4 3 1 13
9	6 3 4 1 13
10	4 3 4 12
11	2 2 5 2 12
12	4 4 3 10
13	4 2 1 2 9
14	3 4 3 2 6
15	3 6 2 3 2 1 2
16	2 10 5 1 2 3
17	2 4 6 1 2 2 2 1
18	1 2 5 2 2 4
19	1 4 4 8 3
20	1 1 3 2 3
21	3 2 2 1 1
22	5 4 5 2 3
23	6 4 5 3
24	1 5 1 2 2 4
25	2 6 2 2 1 4
26	4 2 2 2 8 4
27	3 4 1 3 2 4
28	3 2 2 3 4
29	2 1 1 2 5
30	3 3 2 7
31	2 2 1 4 4
32	3 4 5 4
33	3 3 6 5
34	2 4 4 3 5
35	3 6 2 5
36	2 3 3 2
37	5 2 3 8 13 1
38	2 5 3 3 11 5
39	8 3 11 7
40	6 2 3 8 9

C95 고도의 평형감각이 필요해요

난이도 ★★★☆☆

40×40

Column clues (top to bottom, columns 1–40):

1. 9 1 3 3
2. 9 1 2 2 5
3. 10 1 2 5 4
4. 7 1 1 1 4 3
5. 5 2 1 1 3 1 2
6. 5 3 1 1 4 2 1
7. 5 1 1 5 1 1
8. 3 1 9 1 1
9. 2 3 14 1 2
10. 2 2 1 8 3 1 4 1 2
11. 2 1 5 2 1 2 2 1 1
12. 2 1 2 1 1 2 3 1 1
13. 3 2 2 2 2 1 3 2 1
14. 3 2 2 2 2 1 2 1 1
15. 4 2 1 2 2 2 2 1 1
16. 1 1 3 3 2 2 1 1
17. 7 2 2 1 4 1 1
18. 3 2 1 2 1 3 3 3 1
19. 3 2 4 1 8 3 2 1
20. 3 1 1 3 5 5 2 2 2
21. 4 1 1 7 1 2 1
22. 5 1 1 5 1 3 1
23. 3 2 1 6 2 5 3 1
24. 1 5 14 2 1
25. 2 2 8 1 1 2 2
26. 6 3 9 1 3 2
27. 6 5 8 2 1 3 2
28. 6 8 3 1 2 3
29. 5 4 3 1 5
30. 5 1 2 1 5
31. 6 1 4 3 2 2
32. 6 1 3 1 1 2
33. 6 1 2 2 3 4
34. 7 1 2 5 5
35. 8 2 1 1 5 3
36. 11 1 1 6 5
37. 10 1 2 7 7
38. 10 1 2 5 7
39. 10 1 2 5 3 2
40. 11 1 2 6 7

Row clues (left to right, rows 1–40):

1. 16 5 17
2. 15 7 16
3. 8 3 8 15
4. 7 1 1 4 15
5. 7 4 1 1 1 15
6. 4 2 2 1 1 3 10
7. 4 1 2 2 3 7
8. 3 4 5 2 2 6
9. 3 3 3 1 5
10. 3 1 2 2 5
11. 2 2 4 1 2 1
12. 1 2 8 1 1
13. 1 1 2 1 1
14. 1 2 2 2
15. 1 2 3 1
16. 4 2 2 3
17. 3 2 1 6
18. 2 4 9
19. 9 29
20. 3 9
21. 2 9
22. 3 9 4
23. 2 2 5 2 4
24. 7 4 1 3 2 3
25. 2 5 2 1 2 2 1
26. 2 3 1 2 2 2 2 2 3 2
27. 1 1 4 4 1 1 1 7
28. 4 5 9 3 4 8
29. 19 2 12
30. 11 1 7 7
31. 5 2 1 2 3 1
32. 2 6 3 1 1
33. 3 3 1 3
34. 6 2 1 2 1
35. 3 8 6 4
36. 3 15 3 1 5
37. 6 6 1 3 8
38. 10 3 6 1
39. 1 16
40. 17 5

C96 화재를 막는 상상 속 동물

난이도 ★★★★☆

40×40

가로	힌트
1	10
2	3 3
3	3 1 2 1 5
4	2 1 13
5	1 1 2 4 2
6	2 3 3 9
7	1 1 1 6 4
8	2 4 1 2
9	1 2 1 3 1 2 2 2
10	1 4 5 10
11	3 1 1 1 7 1 3
12	1 3 3 1 1 1 1 8
13	4 3 7 4 3
14	2 4 9 4
15	1 1 14 2 3
16	1 1 5 5 3 2
17	1 2 4 3 1
18	1 3 4 2 3
19	1 3 3 2 2 1 1
20	1 5 5 3 1 1 3
21	1 6 3 2 3 1 1 1
22	1 6 1 1 3 1 2 3
23	3 3 2 4 3 1 1 1
24	1 1 10 4 1 2
25	1 1 5 3 2 1 1 1
26	1 1 3 3 1 3
27	1 2 3 1 2 1 1
28	1 1 3 2 3 2
29	2 2 7 10 1 1
30	7 2 2 14 2
31	2 4 1 1 1 2 6 4 1
32	1 1 1 9 6 1 1 1 4
33	7 2 1 1 1 13 2
34	1 1 1 21 1 1 1 2
35	8 1 13
36	1 13 1
37	14 2 1 2 17
38	2 3 3 3 1 3 1 1 1 1 2 1
39	2 1 1 1 1 1 1 1 3
40	36

세로	힌트
1	4
2	5 3
3	2 1 1 1 2
4	9 2 4 2 1
5	7 9 1 1 4
6	3 1 1 4 1 1 4 2 1
7	3 5 4 2 1 1 1 1 1
8	2 4 1 5 1 3 1 1
9	1 1 1 3 4 3 1 2 1
10	5 3 3 2 3 2 1 4
11	1 3 4 2 4 2 1
12	4 4 5 5 1 1
13	1 3 2 3 1 8 1 1 2 1
14	1 5 7 1 6 4 3 1
15	1 2 2 2 3 1 6 1 1 1 3
16	1 1 1 7 2 3 1 4 3 1
17	1 2 4 1 2 5 1 1 1 2 1
18	1 4 4 2 3 1 1 4 1 1
19	1 4 3 1 2 1 1 2 1 5
20	1 4 5 1 2 2 2 3 1
21	6 2 1 1 2 4 1 1 2 1
22	3 1 10 1 1 1 2 3 1
23	3 2 2 5 6 3 1 3
24	5 8 1 1 1 9 3 1
25	6 5 7 7 2 1
26	10 2 3 6 1 1
27	6 1 3 6 2 1
28	2 1 2 8 1 2
29	1 1 10 1 1 2 1
30	3 4 4 4 1 1
31	2 1 2 2 1 1 1 1
32	4 1 2 4 2 1
33	1 2 2 1 1 1 2
34	4 1 4 2 1
35	2 1 2 1 1 1
36	2 2 2 1 2 1
37	3 3 3 1 4
38	3 2 3 1 2 1 1 2
39	3 1 1 1 1 4 3
40	15

C97 이동 속도를 높여요

난이도 ★★★★☆

40×40

Column clues (top to bottom)

Column	Clues
1	1 4 3 7 1
2	5 1 1 3 7 1
3	8 3 1 3 7 1
4	4 1 2 1 1 3 7 1
5	3 1 2 1 3 7 1
6	4 1 1 1 3 7 1
7	5 1 1 1 3 7 1
8	3 7 1 3 7 1
9	5 5 1 3 7 1
10	6 6 1 3 7 1
11	2 4 4 3 7 1
12	1 3 2 3 3 7 1
13	1 4 2 1 2 3 7 1
14	1 5 5 4 3 7 1
15	1 5 3 1 5 7 1
16	1 5 4 3 1 4 7 1
17	1 1 11 2 4 7 1
18	1 1 6 4 1 4 7 1
19	1 1 5 1 3 2 2 2 3 2 1
20	1 2 5 3 1 1 1 2 1 1
21	1 7 4 1 2 2 4 1 1
22	1 4 2 1 4 6 1 1
23	1 5 3 3 2 4 2 1
24	1 3 3 3 2 3 3 1
25	1 4 4 5 6 4 1
26	1 2 13 2 2 5 1
27	1 1 5 2 3 3 6 1
28	1 1 4 1 1 13 1
29	1 1 4 4 3 9 1
30	1 1 5 5 8 1
31	1 1 6 3 1 8 1
32	1 1 1 5 3 1 2 8 1
33	1 1 1 8 1 1 8 1
34	1 1 1 6 1 1 8 1
35	1 1 1 6 1 2 2 6 1
36	1 1 1 4 4 1 5 1
37	1 1 1 3 2 1 1 5 1
38	1 1 1 2 2 1 1 4 1
39	1 2 1 2 2 5 4 1
40	1 3 16 3 1

Row clues (left to right)

Row	Clues
1	7
2	9
3	40
4	3 2 3
5	2 1 2 8
6	3 7 2
7	1 7 1 8
8	2 1 6 6 2 2
9	5 2 11 2 2
10	3 10 5 1
11	3 10 2 4
12	3 6 1 1 5
13	4 3 11
14	3 5 2 1 12
15	3 3 3 1 1 13
16	1 1 1 2 3 1 6 9
17	1 2 14 4 2
18	8 9 3 4 1
19	2 5 5 3 1
20	3 2 4 1
21	1 3 3 2
22	2 14 3
23	5 1 5 5 2 1
24	1 2 3 2 3 1
25	1 2 2 1 1 1
26	2 4 2 2 1
27	5 2 1 9
28	18 6 1 2
29	19 5 2
30	21 1 3 6
31	2 2 8 2
32	19 5 7 1
33	19 5 9
34	19 4 12
35	18 4 15
36	18 3 17
37	19 18
38	40
39	0
40	40

C98 순우리말 단어라니 놀랍죠?

난이도 ★★★★☆

40×40

열	힌트
1	2 6 7
2	2 8 4 1
3	2 11 1
4	9 1 3 1
5	2 1 3 4 1
6	1 1 2 4 1
7	3 3 2 2 1 1
8	9 1 1 1 5 1
9	2 6 2 9 5
10	1 8 3 1 3 7
11	1 3 2 4 1 16
12	1 3 1 1 7 2 7
13	1 2 3 2 2 1 4
14	1 2 1 1 1 5 2 1 2
15	2 2 2 2 3 1 6
16	2 5 1 5 3 4
17	2 2 1 1 6 2 6
18	2 1 2 1 6 8
19	2 3 4 8 8
20	2 2 1 1 8 8
21	5 2 10 8
22	1 1 3 9 8
23	1 4 9 6
24	4 10 3 3
25	2 8 2 1 6 2
26	2 2 6 3 1 4
27	2 2 7 2 1 6
28	2 2 6 2 2 8
29	2 5 2 25
30	2 6 3 2 2 12
31	2 8 3 3 11
32	2 6 2 2 10
33	1 7 3 5 2 3
34	1 9 2 2 1
35	1 8 7 1 1 1
36	2 5 3 1 2 2 1
37	2 1 1 6 2 1
38	2 5 5 3 1
39	2 12 1
40	2 21

행	힌트
1	40
2	5 3 7 9 5
3	1 2 5 1 1 3
4	1 8 2 2 3 3
5	1 6 2 5 8
6	7 1 1 1 1 8
7	1 4 1 4 2 8
8	1 3 2 2 1 9
9	2 4 1 2 2 2 7
10	1 6 3 2 2 2
11	2 3 2 2 2
12	2 2 2 1 1 3
13	3 3 5 2 2 1 1
14	2 9 2 2 1
15	2 12 1 1 1
16	5 2 13 5
17	2 1 2 2 14 1 1
18	1 6 14 1 1
19	4 13 3 5
20	2 1 1 11 1 7
21	4 1 1 12 3 1 4
22	3 1 1 1 7 7 1 1 4
23	5 5 2 1 1 1 4
24	4 3 2 3 1 3 1 2
25	4 1 2 4 1 1 2 2
26	3 1 2 2 2 2 2 3
27	3 1 6 5 7
28	2 1 1 1 1 1 3 1
29	1 1 1 5 1 2 1
30	1 1 1 7 1 3 1
31	2 1 11 4 1
32	1 1 10 5 1
33	1 1 9 6 1
34	2 3 8 5 1
35	1 3 7 6 1
36	1 4 5 6 1
37	13 7 1
38	1 5 8 1
39	1 6 16
40	1 6 9 1

C99 막걸리는 필수랍니다

난이도 ★★★★☆

40×40

Column clues (left to right, top to bottom)

Column	Clues
1	3 7 4 7
2	3 3 2 10 6
3	3 2 1 1 3 4 5
4	3 2 1 2 1 2 4
5	3 2 3 2 2 2 3
6	7 3 2 1 3 1 2
7	3 1 3 2 1 5 1
8	2 1 1 2 3 1 4
9	1 2 1 2 2 1 2 7
10	1 1 1 1 1 1 4 8
11	1 1 1 1 1 8 9
12	1 1 2 1 1 4 4 10
13	1 2 1 2 4 2 12
14	2 1 1 2 2 1 4 1 5
15	4 5 2 1 6 2
16	4 4 2 2 1 6
17	4 3 1 4 1 6
18	2 1 2 2 2 3 7
19	2 3 3 3 2 8
20	2 3 1 7 4
21	6 2 3 1 2 3
22	3 3 2 10
23	3 3 2 1 10 4
24	3 3 1 1 13 1 1 2
25	3 6 4 10 2 1 1 1
26	2 2 2 3 12 1 3 1
27	1 1 2 2 1 2 1 9 1 3 1
28	1 2 1 1 1 2 8 1 3 2
29	2 3 1 1 2 8 1 4
30	2 3 1 3 5 4
31	4 1 1 2 6 2
32	1 2 1 1 6 6
33	1 2 3 1 2 6 2 5
34	1 7 3 13 1 1 4
35	4 4 1 9 2 1 6
36	2 1 4 2 13 1 1 1 4
37	2 2 3 1 2 10 1 1 6
38	2 5 4 10 1 1 1 4
39	2 3 6 7 1 2 5
40	2 4 4 6

Row clues (top to bottom)

Row	Clues
1	27 8
2	8 13 6
3	7 3 5 1
4	1 7 1 6 3
5	1 5 1 6 6 2
6	5 3 5 1 1 4 2
7	4 4 4 1 1 6
8	3 6 1 1 7
9	1 7 2 2 3 6
10	6 4 5 2 3
11	4 2 2 2 6 3
12	2 2 2 1 2 3
13	3 5 3 9 2
14	2 1 1 1 1 4
15	1 5 2 2 3 2 5
16	1 1 2 1 1 5 7 1 2
17	1 2 1 7 2 1 2 1 1 2
18	1 4 9 1 2 3 1 4
19	1 1 3 4 4 6
20	2 3 2 5 7
21	1 2 6 7 9
22	2 3 11 10
23	2 7 2 18
24	5 2 1 18
25	2 2 1 1 11 6
26	2 1 1 1 9 6
27	2 1 1 1 7 7
28	2 1 4 2 7 1 1
29	2 2 1 5 7 2 1
30	1 2 8 1 2 6
31	2 1 5 5 1 2
32	2 7 6 2 2
33	9 7 6 7
34	1 6 6 2 2
35	2 7 4 5 1 5 1
36	3 6 1 4 2 1 1 2
37	4 7 7 9
38	5 6 1 1 9
39	6 4 2 2 9
40	7 5 7

C100 먼저 땅에 닿으면 져요

45×45

열	힌트
1	7 2 7 3 2
2	7 16 3 1 2
3	7 6 11 3 2 3
4	7 8 11 2 2 2
5	6 10 8 1 2 3 2
6	6 5 1 10 1 1 2 2 1
7	5 5 1 6 1 2 2 1
8	5 7 3 5 1 2 2 1
9	5 5 1 1 1 4 2 2 2
10	5 3 1 2 1 2 2 2 2 1
11	5 2 3 5 5 3 2 2
12	6 3 2 2 3 2 2
13	6 7 1 3 1 3
14	6 4 1 1 6 1 3
15	8 1 2 2 1 1 4 3
16	7 2 1 2 1 3 4
17	7 2 1 4 3 2
18	5 2 2 4 2
19	5 2 3 4 3 1
20	4 2 3 1 13 1
21	3 3 2 2 3 4 2 4 2
22	3 3 2 2 2 3 2 5
23	4 1 2 11 2 2 1 1
24	6 15 2 2 2 1
25	7 5 2 4 4 1
26	9 1 15 2 2 1
27	10 17 4 1
28	8 20 2 4 2
29	8 22 6 2
30	8 1 16 3 3 2
31	8 2 18 3 3
32	13 12 8
33	9 10 3 5 1
34	9 2 1 1 3 1
35	8 3 1 2 2 2
36	7 4 1 4 4 1 2
37	6 1 8 1 7 2 2 1
38	6 2 2 1 1 6 2
39	5 1 2 1 1 3 2
40	5 2 8 1 3 2
41	4 3 2 1 1 3 1 2
42	1 2 2 1 1 2 1 3
43	2 8 1 2 2 2
44	1 4 2 1 1 2 2 2
45	2 5 2 1 1 2 1 1

행	힌트
1	42 2
2	41 1
3	41
4	20 19 1
5	19 17 2
6	6 6 15 2
7	4 4 3 12 4
8	7 2 2 10 5
9	9 1 3 2 3 1
10	7 3 6 3 2 2
11	8 4 2 1 5 3
12	4 1 1 2 4 2 1 3
13	3 2 1 1 2 9 2 1
14	6 2 1 2 2 2 5 10
15	5 4 3 1 9 11
16	1 3 1 2 2 12 1 1 1 1
17	1 8 2 4 10 1 1 1
18	1 1 1 7 2 9 1 1 1
19	1 1 1 2 2 8 1 1 1
20	6 1 2 8 1 1 1
21	10 2 20
22	10 2 8
23	9 14
24	9 13 2
25	8 1 1 8 10
26	5 2 1 8 1
27	6 2 1 7 2
28	4 3 3 8 1
29	8 1 5 10 1
30	2 1 9 1 2 1
31	2 6 2 2 1
32	6 2 2 2 1
33	1 3 2 2 2
34	1 2 2 1 1
35	15 3 7 1
36	15 3 6 10
37	3 5 1 2 6 9
38	2 2 2 2 1 4
39	7 1 1 2 1 2 1
40	10 2 1 1 2 1 1 3
41	4 3 1 2 2 1 2 2 4
42	2 1 3 2 3
43	3 6 4 1 5
44	5 13 4 10
45	6 6 9 4 4

C101 불에 맞서 싸워요

난이도 ★★★★☆

45×45

Column clues (left to right, top to bottom)

Column	Clues
1	32 5
2	31 5 5
3	19 5 5 7
4	12 5 2 6 8
5	7 3 5 3 4 3 5
6	6 2 2 4 1 1 2 4 4 4
7	4 5 3 1 1 5 3 2 3
8	3 5 2 1 1 9 3 2 3
9	2 3 2 3 1 1 3 4 2 1 3
10	1 3 2 2 6 6 1 3
11	1 3 2 2 1 4 2 1 3
12	1 3 7 2 1 1 1 2
13	1 3 9 1 6 2 3
14	1 3 2 3 1 2 1 1 5
15	1 3 2 1 2 6 1 1 12
16	1 3 2 2 1 2 3 1 2 6 4
17	2 2 2 2 1 2 2 2 3 1 5
18	3 6 6 8 1 1 2 4
19	4 2 2 2 4 1 2 1 4
20	5 2 6 3 1 1 1 4
21	6 19 2 1 1 4
22	12 7 2 8 1 3 2
23	12 4 1 1 2 4 2
24	13 3 2 2 9
25	13 8 10
26	13 5 6 10
27	4 9 4 15
28	4 6 5 13
29	4 4 7 12
30	5 3 1 2 10
31	5 2 1 1 2 9
32	6 3 1 1 3 8
33	7 2 2 1 3 8
34	11 2 2 1 1 1 4 7
35	5 4 2 2 1 2 4 6
36	3 3 2 2 1 1 3 3 6
37	1 3 2 3 1 2 3 2 6
38	2 1 2 2 2 1 3 5 6
39	3 4 1 3 1 2 3 6
40	4 2 2 3 2 3 2 6
41	8 1 2 3 4 7 6
42	6 6 2 1 2 2 4 6
43	3 10 6 2 6
44	2 2 8 10 7
45	1 7 4 3 5 7

Row clues (top to bottom, left to right)

Row	Clues
1	45
2	9 20 7
3	8 6 19 5
4	7 9 17 3
5	6 11 7 6 2
6	6 3 1 7 3 2
7	5 1 8 6 2 1
8	4 15 6 1 1
9	4 8 1 8 1 3
10	4 1 2 2 1 8 1 1 4
11	4 1 2 1 1 8 1 2 2 1 2
12	4 2 2 2 9 1 2 4
13	3 2 3 1 1 6 4 1 2 1
14	3 1 5 2 3 3 4 5
15	3 2 3 6 3 1 1 1 6
16	3 5 6 2 2 3 3
17	3 4 2 9 2 2 2 3
18	3 3 5 5 2 2 2 3
19	3 1 1 1 6 4 2 5
20	2 6 1 1 2 5 2 3 3
21	2 2 1 1 1 1 8 9
22	2 7 1 1 9 6 1
23	2 1 1 3 5 5 6
24	2 1 6 6 3 2 2 1
25	2 2 1 1 1 10 2 10
26	3 1 2 1 1 2 2 2 2 2 2 3
27	3 2 1 2 1 2 2 1 1 2 4
28	4 3 1 5 1 1 2 1 2 4
29	4 7 1 1 1 2 1 3
30	3 6 7 1 2 1 2 3
31	2 7 5 2 2 1 2 2 2
32	1 11 2 1 1 1 2 2
33	5 1 1 2 2 2 2 2 1
34	5 2 2 6 1 1 4
35	4 1 4 6 2 1 3
36	8 4 7 5 2
37	2 2 1 7 9 7
38	1 4 2 4 15 3
39	3 2 10 12 2
40	3 2 2 1 28
41	4 4 3 1 22
42	5 1 8 21
43	9 7 21
44	7 9 19
45	6 7 19

C102 예쁜 목소리가 탐나요

난이도 ★★★★☆

45×45

열	힌트
1	22 5
2	9 5 2 7 4
3	8 3 2 3 5 6
4	8 1 2 2 4 1 4
5	3 4 2 3 4 1 4
6	2 3 3 3 5 6
7	1 3 1 6 2 2
8	1 4 3 6 2 3
9	1 2 1 7 2 3 3 4
10	2 1 1 4 3 2 5 4
11	3 3 2 2 3 6
12	4 2 1 2 2 7
13	4 4 3 2 9
14	4 3 2 2 8
15	2 2 5 2 2 8
16	1 2 7 2 7
17	1 2 4 2 8
18	2 1 4 3 8
19	1 1 1 6 4 3 9
20	6 3 2 4 3 2 6
21	1 2 5 2 6 3 2 7
22	1 1 2 1 4 2 2 3 2 8
23	2 1 5 1 1 2 3 4 2 5
24	2 1 1 2 2 3 2 2 4
25	5 2 1 2 7 2 2 3
26	1 1 2 1 2 1 5 1 2 2 2
27	5 4 4 1 7 2 7 4
28	1 2 1 2 3 1 6 2 7 2 1
29	6 1 1 2 6 1 9 1
30	1 3 1 1 5 2 5 2 2
31	3 6 2 1 4 2 6 2 2
32	3 3 2 8 3 6 4 1
33	2 5 4 6 3 6 1 2 1
34	2 1 1 1 4 6 1 1
35	2 3 2 5 7 2 3
36	1 1 5 12 5
37	1 1 1 3 10 3
38	1 2 3 9
39	2 2 6 9
40	3 5 2 7
41	10 2 7
42	9 1 1 1 7
43	9 4 3 2
44	10 4 8
45	24

행	힌트
1	16 11 13
2	6 6 1 3 1 3 3 7
3	5 4 5 1 1 1 1 6
4	4 3 1 4 1 3 2 5
5	4 1 1 7 2 5
6	5 2 5 6
7	6 3 2 2 1 6
8	6 1 1 2 1 1 7
9	2 2 5 6 4 7
10	1 2 1 1 2 2 1 2 2
11	1 4 2 3 2 4 1
12	1 2 3 1 2 3 2 1 1
13	1 1 2 1 4 8 4 1
14	2 1 1 2 1 1 2 1 2 2
15	3 3 3 1 6 2 3 3
16	4 1 1 1 2 4 2 2 5
17	3 1 4 2 3 3 3
18	2 2 2 9 2 2 1
19	1 1 8 2 1 1
20	1 1 7 3 2 2 2
21	2 1 8 6 1 2 4
22	10 15 2 2 3
23	9 2 11 1 3
24	10 4 10 1 2
25	2 7 9 1
26	2 10 9 1
27	4 2 3 4 5 2
28	6 2 2 3 3 2
29	3 2 2 2 2 2 5 2
30	2 3 1 8 6 7
31	3 3 1 11 1 4 7
32	11 6 5 8
33	11 8 2 17
34	9 9 16
35	6 1 13 15
36	2 13 15
37	1 5 6 14
38	4 2 5 4 2 6
39	2 3 5 3 2 2
40	6 5 3 2 1 4
41	5 6 3 4 2
42	10 4 2 4 2
43	7 3 2 2 3
44	4 2 3
45	11

C103 수영장 바닥에 닿으면 감점이에요

난이도 

45×45

Column	Clues
1	2 1 2 3 19
2	2 1 2 3 4 8
3	2 1 2 3 1 2 4 1
4	2 2 2 3 5 7 4 1
5	5 2 3 13 8 1
6	5 2 15 9
7	5 2 17 9
8	3 1 21 4 9
9	3 20 3 3 8
10	3 5 13 1 8
11	3 2 1 9 3 2 7
12	3 3 7 2 1 7
13	6 2 3 1 4 1 2 3 3
14	4 2 4 4 4 3 3
15	4 3 2 8 8
16	3 5 2 8 4 3
17	3 3 3 2 1 5 8
18	3 2 3 2 2 7
19	3 4 3 2 2 8
20	3 2 3 2 3 9
21	4 5 2 3 9
22	1 2 1 4 2 6 2
23	1 4 1 2 4 3 5
24	2 1 4 2 2 12 9
25	1 2 2 25 8
26	1 2 3 3 16 5 1
27	1 2 3 2 15 6
28	2 3 3 2 13 2 2
29	1 3 3 2 7 2 5 1
30	1 3 3 1 6 2 2
31	1 2 3 1 2 6 2 2
32	1 2 4 1 13 2 3 1
33	1 3 7 2 1 2 2 5 1
34	1 3 5 2 3 3 4 2
35	5 4 2 1 2 6 1 1
36	3 3 3 2 2 2 5 2
37	3 2 6 2 2 3 8
38	5 5 2 3 3 2 7
39	4 3 3 5 3 3 5 1
40	3 3 3 2 2 4 2
41	3 3 3 2 3 12
42	2 3 3 5 2 10 1
43	1 4 3 2 1 3 8
44	2 2 2 3 4 12
45	5 2 3 8 3

Row	Clues
1	8
2	5 1 2
3	24 13
4	21 3 11 1
5	17 16 1
6	7 3 2 7 2 2
7	10 4 7 2
8	5 1 1 12 4
9	10 1 2 14 6
10	11 3 13 7
11	3 1 2 1 2 1
12	3 2 2 2 5 2
13	4 1 2 1 2 2 1
14	9 7 1 2 2 9
15	10 9 3 11
16	22 2 10
17	8 1 3 1 2
18	8 5 1 1
19	8 2 1 2 2
20	9 2 2 3 2
21	10 2 3 3 2
22	11 2 2 2 1 3 3
23	8 4 2 2 4 2 1 2
24	10 3 1 5 3 3 1
25	1 7 2 2 9 1 1
26	1 7 1 9 2 2
27	2 4 2 2 9 2 5
28	1 1 2 2 2 10 2 3 1
29	1 1 2 7 7 4 1 2 1
30	1 2 1 4 6 1 2 3
31	1 1 2 5 7 2 1
32	1 1 1 5 6 2 2
33	1 1 1 3 6 1 1
34	1 2 2 5 6 2 6
35	1 2 1 4 6 2 8
36	1 2 3 4 7 1 8
37	1 4 4 6 2 6 4 2
38	2 6 11 2 7 5
39	2 22 2 8 5
40	22 4 1 7 5
41	27 1 1 4 5
42	12 1 11 1 5 4
43	21 5 2 3 5
44	2 20 2 2 1 3 2 3
45	17 10 7 7

C104 단오에 깨끗하게 머리를 감아요

난이도 ★★★★☆

45×45

열	힌트
1	3 3 2 4 1 4 7 2
2	2 4 4 1 4 6 7 2
3	2 3 3 5 7 3 3 3 2
4	5 5 3 7 7 3 2
5	16 1 7 7 6
6	1 4 6 2 1 19
7	5 4 2 2 19
8	6 3 1 3 4 6 6
9	2 3 2 1 3 5 10 3
10	1 4 1 5 2 1 5 2 2
11	1 5 4 10 2 1
12	3 4 15 2 2
13	3 10 1 9 1 4 1
14	8 5 1 6 1 1 1 1
15	2 3 4 3 7 1 1 1 1
16	5 4 2 4 1 4 1 1 1 1
17	2 2 6 11 1 1
18	3 5 14 1
19	6 3 16 1
20	11 3 17 1
21	17 18 1
22	5 10 12 1 1 1
23	4 2 11 6 1 1 1 1
24	4 3 9 4 1 1 1 1
25	5 1 7 4 1 1 2 1
26	5 2 1 2 2 1 2 3 2
27	5 2 1 4 2 1 2 1
28	6 1 2 1 1 2 1 2 2
29	7 2 1 2 1 2 1 2
30	7 2 1 1 1 7
31	1 5 3 1 1 2 2
32	2 10 3 1 1 2
33	3 7 3 1 1 3
34	4 2 5 1 2
35	5 1 1 1 1
36	5 2 1 2
37	4 4 2 2
38	3 3 1 10 2
39	2 4 3 2 2 2
40	2 3 1 3 4 2
41	1 8 7 2
42	1 4 14 3
43	2 7 7 2
44	2 5 4 3 4 3
45	3 4 3 16

행	힌트
1	3 3 3 15
2	9 6 9 3
3	1 2 2 3 3 7 6 1
4	7 5 1 11 4
5	1 7 1 3 13 2 3
6	3 2 2 2 13 3
7	2 2 2 1 1 4 8 5
8	2 1 3 2 2 4 6 7
9	4 4 1 1 3 2 2 4 3
10	3 2 2 1 2 3 3 1 2 2 5
11	1 4 1 4 6 2 3 5
12	2 4 5 6 3 3 2
13	2 3 5 3 1 5 2 1
14	2 10 4 2 2 5 2 1
15	2 3 4 5 2 2 4 1
16	4 1 1 8 1 3 2
17	2 1 2 6 2 2 2
18	6 2 6 2 3 4
19	1 4 1 7 1 3 7
20	4 1 7 8 1 4
21	12 5 1 1 4
22	3 4 7 1 3 2
23	10 4 7 2 3
24	16 1 4 1 2
25	5 3 4 5 2 1 2
26	15 5 7 2 1
27	25 7 1
28	5 4 9 1
29	13 10 1
30	8 3 9 1
31	2 8 8 1
32	12 7 1
33	12 6 2
34	26 2
35	4 4 5 4 2
36	9 5 2 2
37	9 14 1 1
38	13 4 5 1
39	2 3 4 4 4 1 2
40	8 13 4 4
41	9 5 9
42	7 1 2 10
43	2 2 2
44	6 3 3
45	5 15

C105 용궁까지 빠르게 안내해요

난이도 ★★★★☆

45×45

Column	Clues (top to bottom)
1	4 2 3 4 4 3 5
2	10 2 3 1 2 4 7
3	10 1 6 2 1 13
4	11 5 5 2 13
5	6 5 3 7 7 3
6	9 3 2 6 3 1
7	2 10 1 5 2 3
8	12 2 5 4 6
9	3 7 1 3 13
10	10 1 2 13
11	6 4 1 6 2 2 10
12	12 3 3 1 5 3
13	13 3 2 1 3 1
14	11 4 1 2 3
15	4 4 6 2 1 4 5
16	4 2 7 1 1 1 12
17	5 2 8 2 1 2 12
18	3 1 1 8 5 1 4 4 2
19	6 2 10 1 2 2 1
20	7 8 3 2
21	1 4 3 2 4
22	1 2 1 1 6 2
23	2 1 2 6 2 3 8 1
24	4 2 3 3 9 3
25	7 1 5 1 13 1 1
26	2 6 2 22 1 1
27	7 2 2 6 5 5 1 1 1
28	4 1 2 6 6 3 1 1 1
29	5 5 4 6 2 2 1 1
30	5 4 5 6 1 1
31	4 6 5 2 1 3 1
32	6 8 3 2 1 1 1 1
33	3 3 8 3 1 2 1 1
34	7 5 3 2 2 2 1 1
35	1 4 4 6 4 2 1 1
36	5 3 9 2 2 1 1
37	4 4 5 3 8 1 1
38	3 4 4 1 1 5 6 1 1
39	4 3 2 4 6 6 1 1
40	5 2 2 2 6 1 2 1 1
41	4 7 2 2 1 2 1 2 1 1
42	1 1 8 3 2 1 2 1 2 1 1
43	3 5 6 2 6 6 1 1
44	1 3 7 2 6 6 1 1
45	1 2 6 2 6 6 1 1

Row	Clues (left to right)
1	2 6 3 16 6 7
2	20 12 6 1
3	6 13 2 17
4	8 8 2 9 8
5	13 5 3 8 1
6	14 3 4 4 3
7	4 5 3 2 3 2 4
8	14 2 1 3
9	16 2 2 3
10	5 11 2 3 3
11	1 13 3 2 6 2
12	4 3 2 1 1 1 6 2 1
13	2 1 1 1 1 1 4 3 2 2
14	6 1 1 3 5 2
15	8 2 2 3 3 3
16	3 14 2 3 3
17	2 5 18 3 2 3
18	1 4 2 8 11 4 3
19	5 1 6 1 8 9
20	4 1 4 1 8 3 4
21	2 1 3 1 3 2 3 1
22	1 1 2 2 1 2 7
23	2 2 3 3 3 7
24	1 1 3 2 2 1 4 6
25	3 2 2 3 6 4
26	6 3 1 7 11
27	1 5 4 11 2 3
28	1 5 11 2 3
29	2 7 7 2 3 3
30	13 2 2 2 8
31	5 4 4 2 1 8
32	11 1 1
33	4 3 9 1 5
34	5 4 3 14 2
35	5 4 5 10 9
36	4 5 5 6 1 3 3
37	4 5 4 5 1 3 3
38	5 5 3 4 2 3 3
39	6 6 3 2 3 13
40	5 6 5 15
41	4 6 6 1
42	4 5 5 22
43	5 6 4 1
44	4 5 4 24
45	4 5 4 1

C106 노릇노릇 빵을 구워요

난이도 ★★★★☆

45×45

Column	Clues (top to bottom)
1	6 2 3 1 1 24
2	6 2 2 1 1 10 1 10
3	6 2 2 1 1 9 2 9
4	6 2 2 1 1 9 1 8
5	6 8 1 7 1 2 2 5
6	6 2 2 1 1 6 2 2 1 7
7	6 2 1 1 1 6 1 1 2 4
8	6 2 1 1 1 4 6 2 8
9	6 2 1 1 1 4 2 2 2 1 3
10	6 4 1 1 4 2 1 2 1 7
11	6 4 6 1 1 1 1 2 1 3
12	6 3 2 3 4 2 1 5
13	6 2 2 1 2 2 4
14	8 1 2 1 3 1 4
15	3 2 2 1 5 2 2 1 4
16	2 1 1 5 1 5 1 1 1 1
17	1 2 8 3 1 2 1 3 1 1 1
18	1 3 1 1 7 1 2 1 1 1 1
19	1 2 1 2 3 4 2 1 4 1 2 1
20	1 1 1 6 1 2 3 1 2 1 1 1
21	2 1 1 2 2 1 6 2 2 1 2 1
22	2 1 1 3 1 4 3 3 4 1
23	2 1 1 1 3 1 2 1 2 3 1
24	1 3 1 2 2 1 5 2 4 1
25	1 1 1 2 3 1 2 3 4 1
26	1 2 2 2 5 4 2 2 1
27	1 3 5 6 3 2 2 1
28	2 1 3 2 4 7 1
29	2 15 5 12
30	2 1 6 1 4 2 1 1
31	3 2 5 2 1 1
32	7 4 2 2 2 1
33	6 4 2 1 2 1
34	6 2 2 2 3 1
35	6 3 2 3 3 1
36	6 4 2 3 6 8 1
37	6 2 2 1 1 1 7 7
38	6 1 2 1 1 1 1 6 5
39	6 1 1 3 1 1 1 3 1 4
40	6 2 5 1 1 4
41	6 6 3 2 5
42	6 5 2 5
43	6 13 6
44	6 12 8
45	6 26

Row	Clues (left to right)
1	45
2	16 3 18
3	15 15
4	14 1 1 14
5	14 8 1 14
6	14 2 4 14
7	1 3 4 2
8	3 3 2 1 3
9	9 3 1
10	1 1 2 13
11	1 1 1 5 4
12	10 4 3 4 2 2
13	6 2 1 3 2 1 2 2 1
14	1 1 1 2 2 1 2 4 1
15	1 1 1 1 2 6 1
16	12 2 6 2 3 2 1
17	1 12 2 1 2
18	12 4 4 1 1 5 1
19	1 2 4 5 2
20	1 15 7
21	9 4 2 10
22	13 3 5 2 1 5
23	11 9 4 5 4
24	10 4 6 4
25	12 1 3 3 2 6 3
26	7 1 1 4 4 1 1 3
27	8 6 5 3 1 4 3
28	5 3 5 2 7 2 3
29	4 2 1 2 1 6 5 3
30	6 1 1 1 4 1 5 3
31	2 3 5 1 4 2 1 2 4 3
32	1 3 2 1 4 1 1 1 2 2 1
33	3 2 2 2 1 1 1 1 2 3 2 1
34	1 3 5 1 1 4 2 2 1 4 1
35	1 2 4 1 6 4 1 1
36	2 3 7 1 2 1 1 1
37	3 3 3 3 2 1 1 1
38	5 2 11 1 1 2
39	4 1 3 2 1 2 2
40	4 1 1 2 2 1 2 3
41	6 1 1 1 3 2 1 2 5
42	8 1 8 2 1 9
43	15 1 9
44	15 1 9
45	45

C107 파도에 무너지면 마음 아파요

난이도 ★★★★☆

45×45

Column clues (left to right, top to bottom)

Col	Clue
1	1 2 9 2
2	1 2 4 3 3 3
3	5 2 2 12 2 3
4	8 1 1 5 1 5
5	8 3 1 5 1 1 10
6	4 2 1 1 5 3 1 1 1 2
7	4 1 1 1 8 3 2 2 1
8	3 2 1 1 2 6 2 1 1 1
9	3 3 1 1 5 4 1 1 2 1
10	4 3 2 1 5 3 2 1 1 2 1
11	3 2 2 3 9 1 1 1 1 1 1
12	4 4 2 8 4 2 2 1 1
13	8 10 3 4 1 1 1 2
14	6 2 2 2 1 3 10
15	1 3 4 2 6 1 1 3
16	1 1 2 3 1 2 2 1 1 4 2
17	1 8 1 2 2 1 4 2 2
18	1 8 6 2 4 1
19	1 2 5 4 1 5 1
20	1 8 1 2 1 1 4 1
21	1 8 1 3 6 1
22	1 4 2 2 3 7
23	1 1 1 4 1 3 1 2 3 2
24	1 1 1 6 6 1 3 2 8
25	1 2 5 1 3 1 7 2 1 1
26	1 2 5 2 4 5 3 2 4
27	1 4 2 2 12 10
28	6 2 2 10 2 2 2
29	9 8 8 2 2
30	6 2 3 5 6 10
31	5 2 1 1 1 4 2 3
32	7 2 1 4 2 3
33	7 1 2 3 2 3 8
34	7 2 1 7 1 2 2 2 1
35	6 1 2 1 5 6 3
36	8 2 1 2 5 4 5
37	7 2 1 1 3 1 4 2 2
38	4 2 2 2 1 1 1 1 2 2
39	8 6 2 1 4 5
40	1 3 2 2 2 4 4
41	1 6 1 1 3 3 4 1 1
42	1 3 5 2 6 1 1 1
43	1 10 5 3 4 1
44	1 1 6 4 5 2 3
45	3 3 2 4 1

Row clues (top to bottom)

Row	Clue
1	7 5
2	10 8
3	45
4	5 1 3 12 1
5	5 1 1 2 6 2 12 4
6	5 1 1 2 6 15 3
7	3 2 2 3 7 3 3 2 1 5
8	2 3 2 3 7 2 2 3 3
9	13 11 1 1 1 8
10	3 2 7 7 1 1 8
11	2 19 1 2 5
12	1 1 15 7 4
13	1 1 1 3 4
14	1 8 1 3 2 2
15	3 2 1 4 2 3 1 1
16	2 5 3 7 5 1
17	7 9 1 4 2 3 3 2
18	1 3 1 5 4 1 2 3 1
19	1 1 7 1 1 2 1
20	11 2 2 3 1 1 3 2
21	10 2 3 1 3 3
22	10 2 3 2 1 6
23	13 2 1 3 4 2
24	12 3 1 1 1 4
25	1 2 3 2 2 6 2
26	1 1 2 6 3 1
27	1 2 3 2 4 4 4
28	2 2 3 2 12 6
29	1 5 3 2 10 9
30	2 3 3 1 2 13
31	5 2 5 1 2 2 8
32	14 10
33	4 17
34	6 6
35	6 5 7
36	3 3 15 3
37	1 1 15 3
38	3 5 1 1 1 1 3 5
39	1 6 1 2 1 1 1 1 1 1
40	1 1 2 1 1 1 3 1
41	2 8 7 3 9
42	5 2 1 1 8 6 1
43	5 7 4 7 6
44	5 5 6 6
45	12 4 4

C108 꽃에서 태어난 작은 공주예요

45×45

Column clues (top to bottom, left to right)

11 14 11
3 10 5 13
3 1 11 3 15
4 1 5 3 2 14
1 2 4 2 1 12
2 3 2 10 10
7 2 4 3 9
2 1 4 2 3 7
2 1 4 5 1 7
2 10 7 2 6
14 5 1 5
4 7 4 2 5
2 6 4 1 4
2 3 5 4 4
1 3 2 1 1 3 3
1 3 2 1 1 1 2
1 11 2 1 2 1
1 8 5 1 1 1
1 10 1 1 2 2 2 1
1 10 2 2 5 1 2
1 20 1 5 4
2 8 5 1 1 1 5
2 1 7 2 2 1 2 2 5
3 3 3 2 1 1 1 1 3 6
5 3 2 1 1 3 1 4 5
7 2 2 1 1 1 4 4 3
3 1 4 2 2 2 1 3 3 2 1
3 8 5 4 2 2 1 2
2 17 1 1 1 2
1 9 1 1 2 1 3
1 7 7 2 2 3
1 10 2 1 3
1 10 2 1 3
2 3 8 2 4
2 4 3 2 2 4
3 4 2 3 2 5
5 2 1 3 2 5
10 2 2 2 6
9 2 2 2 6
6 3 2 1 2 7
6 3 2 2 3 7
4 1 10 4 4 8
3 2 3 3 8 8
4 3 3 7 8
1 3 19 7

Row clues (left to right, top to bottom)

12 25 6
4 9 8 11
4 1 3 5 10
1 2 1 3 2 6 2
1 7 7 5 1
4 2 2 1 1 1 1 5 1
2 3 2 2 1 1 1 2 2
2 1 4 3 3 3 4
11 10 5 1
11 12 7 1
5 3 7 4 2 5
3 3 5 3 1 4
4 3 4 1 1 3 1 1 2
3 2 4 1 2 3 2 2 1
3 2 4 3 3 1 2 1
1 1 2 6 2 5 2 2 1
1 1 2 7 9 2 1
1 1 2 18 2 1
1 2 2 2 3 2 2 3 2 1
1 1 4 3 2 3 3 2 2 2
1 4 2 4 1 5 1 2 3 2
2 3 2 3 1 1 2 2 3
2 2 3 2 2 7 3
3 1 2 5 2 5 4
4 1 3 2 1 4 4 4
6 5 3 5 1 1 2 5
1 6 1 4 1 1 8
1 1 4 3 2 1 6 1
2 1 2 4 3 1 5 2
3 1 4 4 3 3 1
3 1 3 2 1
4 1 2 2 2 1
4 2 2 5 1 2
5 1 2 4 2 2
5 3 8 4 2 3
6 1 1 3 4 2 4
7 2 1 5 2 4
7 4 3 5
8 1 3 5
9 3 4 4 7
11 3 10 8
12 8 10
13 5 13
14 6 14
14 6 14

D109 인간이 만들어낸 괴물이에요

40×50

Column	Clues
1	2 2 10 8
2	4 2 3 3 2 6 3 1
3	14 5 3 2 3 1
4	11 2 5 2 2 1
5	5 2 1 1 5 1 2 1
6	1 4 1 1 10 9 1
7	4 2 1 3 5 1 1 9
8	1 1 2 2 1 5 1 1 1 1
9	2 1 2 5 2 2 1 1 3
10	2 4 1 3 3 1 2 1 1 3
11	7 2 5 1 2 2 1 2 2
12	15 5 1 2 4 2
13	4 2 5 8 2
14	3 1 2 3 2
15	4 1 2 3 2 2
16	2 1 2 2 3 2
17	4 1 1 3 2 5 2
18	3 1 4 3 7 2
19	2 1 1 1 3 31
20	3 1 4 3 18 2
21	5 1 1 3 2 6 1
22	4 1 2 2 4 2 2 2 2
23	2 1 2 2 2 2 2 2 2
24	4 1 3 4 2
25	3 3 6 2 1 2
26	16 2 1 2
27	7 3 2 1 2
28	2 4 1 5 4 6 3
29	1 1 1 11 2 1 2 3
30	4 1 5 5 1 1 1 3
31	6 1 4 2 1 1 3
32	7 4 2 10 1 1 1 3
33	6 4 1 5 4 7
34	2 4 3 1 6 1 14
35	4 4 2 2 5 4 1 3 1
36	4 3 2 1 5 1 3 2 1
37	1 3 2 2 5 2 2 6 1
38	7 2 1 4 2 2 2 6 1
39	7 10 2 2 2 2 1
40	4 23 2 1

Row	Clues
1	1 2 15 1 4 2
2	1 1 17 1 3 2
3	2 1 2 5 2 3 4 2 2 2 3
4	2 1 1 5 1 1 2 1 3 1 2 2 3
5	3 1 4 1 3 1 2 2
6	1 2 2 2 3 2 3 3
7	4 3 9 3 4 3
8	3 1 1 4 4 1 3 2 1
9	2 3 1 1 4 4 1 1 1 2 1 1
10	1 2 2 1 1 2 3 2 1 1 2 2 1
11	6 1 1 2 2 1 1 3 1 1
12	4 2 2 2 2 4 1 1
13	3 5 7 10 2
14	2 3 2 2 2 3 3 2
15	3 2 1 3 1 2 2 2
16	2 1 1 1 5 2 1 2 2
17	1 2 1 5 1 1 4
18	2 2 2 2 2 3
19	1 1 2 2 2 4 2
20	1 6 1 10 4 3 2
21	4 1 4 7 2 4
22	3 2 1 1 7 3 1 1 2
23	1 1 1 2 2 6 4 1 1 1 1
24	1 1 1 1 2 5 2 2 1 1 1 1
25	1 1 1 1 2 4 2 2 1 1 1 1
26	2 1 1 3 2 3 1 2 1 2 2 1
27	9 2 2 1 8 2 2
28	7 4 2 3 13
29	10 1 2 1 9 1
30	1 7 2 2 1 8 2
31	2 4 2 2 2 1 5 2
32	2 3 2 2 3 2
33	6 2 7
34	1 2 1
35	1 2 1
36	6 2 6
37	1 1 2 2 1 1 3
38	1 1 1 2 1 6
39	4 1 1 1 3 2
40	5 1 1 1 2 1
41	3 2 1 1 1 1 2
42	2 1 2 1 2 2 2 4
43	1 3 1 2 6 4
44	1 1 1 2 2
45	1 1 1 2 2
46	1 1 1 2 2
47	1 1 1 2
48	1 4 1 7
49	6 24 7
50	12 11

D110 웃고 있지만 무서워요

난이도 ★★★★★

40×50

Column	Clues
1	5 11
2	5 4 4
3	4 8 2
4	4 2 9 2
5	3 2 1 1 1 4
6	3 2 2 3 2 6 2
7	2 10 1 1 1 3 1
8	2 11 2 4 7 2 1
9	2 12 3 7 1 1 1
10	1 15 1 3 11 1
11	1 3 6 2 1 1 2 4 1
12	1 2 1 2 3 1 2 2 10 1
13	1 4 2 3 1 2 10 2
14	2 3 1 1 4 9 4
15	2 2 7 2 3 2 10 6
16	3 2 3 1 4 2 2 18
17	4 1 7 1 3 2 2 16
18	1 2 2 1 4 3 6 12
19	3 2 6 3 2 1 7
20	3 2 6 3 2 1 1 4
21	3 2 2 7 1 2 6 1 2 4
22	3 2 2 3 1 3 3 3 5 4
23	3 2 1 7 2 6 2 6 2
24	3 2 1 3 1 2 2 4 3 2 4 2
25	5 4 2 2 2 2 4 4
26	5 1 3 1 2 2 2 4
27	2 10 3 1 2 2 2 1 2
28	2 13 5 2 1
29	13 2 3 2
30	1 4 4 1 13
31	3 1 1 2 3 2 11
32	5 5 17
33	1 4 3 3 3 2 7 4 2 4
34	1 5 1 1 1 2 2 6 4 2 3
35	1 22 16 2
36	1 22 16 2
37	1 21 3 10 2
38	1 4 1 2 1 4 4 4 2
39	5 8 2 12 3 2
40	3 6 4 11 2

Row	Clues
1	12 6 8
2	9 9 2 2
3	6 4 7 10
4	4 5 4 10
5	2 2 13 8
6	2 8 6
7	2 2 4
8	2 1 4 3
9	2 2 3 5 1 3
10	4 3 2 3 5
11	6 1 1 5 1 5
12	7 3 3 4 3 2
13	5 5 5 5 1 3 2
14	12 11 5 2
15	7 1 1 1 1 1 1 3 1 3 2
16	5 13 5 3 2
17	6 1 1 3 1 4 1 6
18	5 1 5 1 4 7
19	5 1 5 1 3 1 3
20	3 2 3 2 3 6
21	2 12 1 5 2
22	2 2 2 2 1 3 1
23	2 7 2 1 4 1
24	7 6 7 1 3 1
25	2 2 4 2 2 1 1
26	2 2 2 2 1 1
27	20 2 2
28	5 12 4 7
29	3 2 2 1 1 2 11
30	2 2 2 2 1 1 2 2 1 9
31	1 2 2 5 2 1 5 2
32	1 1 2 2 3 7 2
33	1 4 3 3 2 11
34	1 2 3 2 2 3 6
35	1 8 4 4 6
36	1 14 15
37	2 12 2 8 1
38	1 3 10 4 8 1
39	1 3 1 1 8 4 11
40	2 1 1 1 1 8 2 3 6
41	1 1 1 1 1 9 2 5
42	1 1 1 1 1 9 2 8
43	1 1 5 2 3 1 4 5
44	1 1 1 2 3 2 4 1
45	1 1 2 4 1 2 2
46	1 1 1 4 1 1
47	2 2 5 2 2 1
48	2 1 4 1 4 2
49	6 5 1 4 7
50	17 1 2 7

D111 용이 되고 싶어용

난이도 ★★★★☆

50×40

Column clues (columns 1–50, top to bottom)

Column	Clue
1	4 8
2	1 3 4 1 1 3
3	2 1 2 3 4 2
4	3 2 2 3 2 1 3 1 5
5	1 5 3 2 1 3 4 2
6	1 1 4 1 2 4 5 1 1
7	1 2 2 1 2 2 1 1 1 2 2
8	2 1 2 2 1 5 3 1 3
9	2 2 1 2 13 9 1 1
10	2 9 2 3 8 1 1 1
11	6 2 2 4 7 1 3
12	2 4 4 1 1 1 4
13	2 4 1 3 3 4 3 1 2
14	1 1 1 2 2 5 4 4 2 1
15	1 4 1 1 2 1 4 1 5 1
16	1 2 4 6 2 2 7 2 1
17	1 1 4 1 3 1 1 2 2 1 1
18	1 2 3 1 2 1 1 2 1 1
19	1 1 6 1 1 1 2 1 1
20	1 4 5 1 1 1 2 3
21	2 2 1 1 1 1 1 2 3
22	1 1 4 1 1 2 2 3
23	2 3 3 7 2 4
24	4 4 5 1 3 2 6
25	2 5 2 1 3 2 1 10
26	3 1 4 3 2 1 1 1 2 6
27	1 1 3 1 2 1 4 1 8
28	1 4 2 5 1 2 3 7
29	4 4 4 1 1 6
30	2 1 3 3 1 2 1 1 4
31	1 8 1 3 2 1 2
32	1 2 3 5 2 2 2 4
33	2 2 1 3 4 1 6
34	3 1 1 2 1 1 2 7
35	10 1 3 5
36	1 1 1 3 1 1 5
37	2 5 2 1 3 3 5
38	2 1 4 2 2 1 6
39	1 1 3 2 1 1 3 2 1
40	1 1 3 1 2 1 1 4
41	4 2 1 3 10 6
42	1 1 5 4 1 1 1 5 2
43	1 3 2 1 1 2 2 2 8
44	2 4 1 1 3 2 9
45	1 2 4 2 11 3
46	2 6 1 2 7
47	2 2 4 6
48	1 4 2 6
49	3 5 1 4
50	6 7

Row clues (rows 1–40, left to right)

Row	Clue
1	7 6 5
2	2 3 9 2 2 1 3
3	2 5 9 2 1 2
4	3 2 3 2 3 2 2 3
5	3 3 1 4 5 1 1 1 1
6	2 3 3 3 2 2 4 1 2 2
7	2 2 1 3 1 3 4 1 1 1
8	3 2 1 3 1 2 2 2 2 1
9	5 2 5 2 2 1 3 1
10	2 1 5 3 2 2 1 1 1
11	2 3 2 2 5 3 3
12	1 8 1 4 4 5 2
13	1 2 3 4 4 3 2 6 1
14	2 4 3 1 3 3 2 3 3 1 1 1
15	4 1 3 1 2 3 1 1 1 4 3 3
16	11 3 2 1 1 4 1 1 4
17	11 2 4 2 1 1 1 8
18	1 2 2 2 6 2 4 2
19	1 4 4 3 1 1 1 1 2
20	4 1 2 8 3 2 2
21	2 2 1 3 2 8 2
22	3 5 9 1 1 2
23	2 1 1 1 2 1 4 3 6
24	2 1 2 1 4 3 4 5 1 1
25	4 5 1 8 3 1 6 1 2
26	1 1 3 4 1 4 1 1 5
27	2 3 1 1 1 1 1 2 4 5 1 1
28	1 1 6 1 3 6 7 2 2
29	4 1 5 8 1 4 1 3 1 3
30	1 1 1 4 1 1 5 2 3 6 1
31	1 1 7 1 1 1 7 2 9
32	5 4 2 2 3 2 2 8 1
33	1 1 1 1 17 12 5
34	2 4 1 3 2 6 1 24
35	1 1 3 1 7 7 11
36	3 3 2 18 3 2
37	2 5 14 3
38	2 5 14 2 1
39	4 3 9 1
40	18 2

D112 이름을 부르면 가야 해요

난이도 ★★★★☆

50×40

Column	Clues
1	2 11
2	4 15
3	1 2 6 11
4	1 1 7 11
5	2 1 7 12
6	1 2 4 1 2 2
7	1 4 12 1
8	1 2 4 7 10
9	7 4 3 8 1 1
10	9 10 6 1 2
11	1 7 1 2 2 1 1 7
12	1 7 2 2 2 1 1 2 4
13	1 7 3 7 2 3 4
14	1 7 3 1 4 3 4
15	2 3 3 1 3 1 1 3
16	2 1 2 2 2 1 1 2 3
17	6 8 3 5 1 3
18	1 6 7 3 4 3
19	1 3 7 1 5 3
20	1 1 7 1 3
21	2 1 6 7 4
22	1 2 4 2 2 1 4
23	3 2 1 1 2 2 1
24	2 3 2 2
25	2 4 5
26	6 5
27	2 1 1 5
28	4 4 2 1 3
29	1 1 7 1 1 1 3
30	1 1 8 3 1 2
31	1 1 9 4 4
32	1 1 3 1 8
33	1 6 13 7
34	7 3 16 3 2
35	2 5 4 2 6 1 1 1
36	1 6 4 3 3 2 1 2
37	1 6 5 1 8 1 2 2
38	1 6 3 1 1 8 2 5 3
39	1 6 3 1 2 3 1 3 4
40	1 1 4 4 3 2
41	2 2 4 4 4 2 6
42	7 3 4 6 2 7
43	1 8 8 7
44	1 5 1 9 8
45	1 1 11 8
46	1 1 5 1 8
47	1 1 3 3 1 1 7
48	1 2 9 1 1 5
49	3 13 3
50	15

Row	Clues
1	7 7
2	2 2 2 2
3	6 1 1 1
4	6 1 1 4 1
5	6 1 6 1
6	6 1 9 6
7	11 5 3 6 1 2
8	4 7 1 3 2 6 2 1
9	2 7 2 2 7 2
10	3 3 4 5
11	5 4 13
12	14 12
13	4 8 12
14	1 2 3 2 1 3 2 2
15	4 2 1 2 1
16	1 1 3 2 1
17	4 4 1 3 4
18	5 1 2 3 1
19	1 5 5 10 4
20	2 1 5 4 3 7 5
21	4 2 1 1 5 2 5 3 2 7
22	6 5 5 3 6 4 3 3
23	8 3 8 1 3 2 3 4 3
24	4 4 2 7 1 4 2 3 4 3
25	5 15 1 4 3 2 5 4
26	5 4 2 1 4 3 2 6 4
27	5 4 7 7 3 6 4
28	2 8 2 1 1 3 4 7 2
29	5 2 2 3 3 1 1 6 3 4
30	6 1 1 1 1 2 4 5 1 2
31	6 1 2 4 1 1 3 2 2 5
32	5 1 1 2 2 1 1 1 2 5 2
33	5 1 2 2 3 1 4 5 4 1
34	5 5 2 3 9 9
35	5 1 1 2 8 1 10
36	4 1 1 3 1 5 2 9
37	4 1 4 3 1 2 3 1 8
38	3 1 12 2 3 4 2 8
39	4 1 15 12 7
40	18 5 3 6

D113 눈을 마주치고 싶지 않아요

난이도 ★★★★★

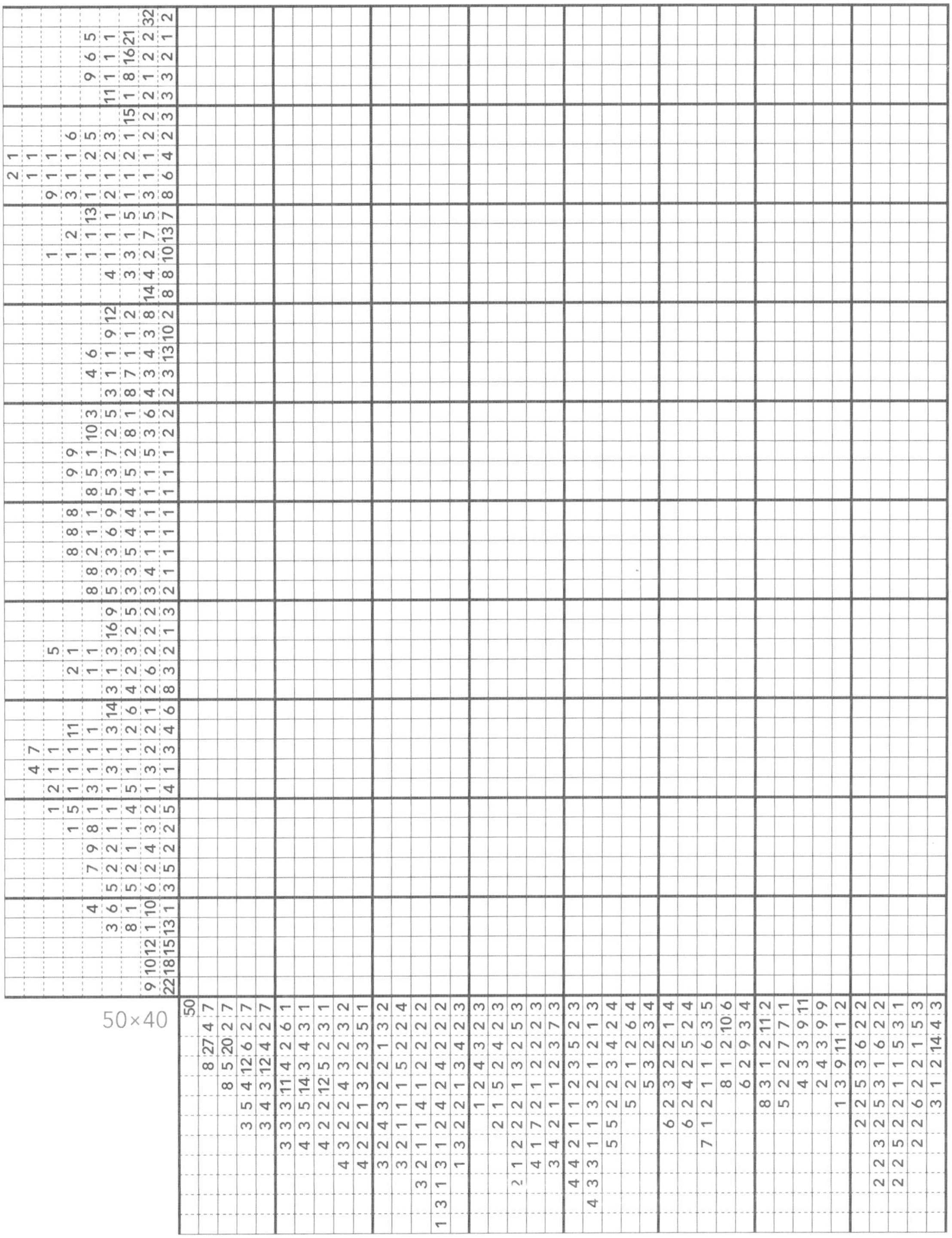

50×40

Column clues (top to bottom, columns 1–50)

Column	Clues
1	9 22
2	10 18
3	12 15
4	3 8 1 13
5	4 6 1 10 1
6	5 5 6 3
7	7 2 2 2 5
8	9 2 1 4 2
9	1 8 1 1 3 2
10	1 5 1 1 4 2 5
11	2 1 3 1 5 1 4
12	4 1 1 1 3 1 3 1
13	7 1 1 1 1 1 2 3
14	11 1 3 2 2 4
15	14 6 1 6
16	3 4 2 8
17	2 1 1 2 6 3
18	5 1 1 3 3 2 2
19	16 2 2 1
20	9 5 2 3
21	8 5 3 3 2
22	8 3 3 4 1
23	8 2 3 5 1 1
24	8 1 6 4 1 1
25	8 1 9 4 1 1
26	8 5 4 1 1
27	9 5 3 5 1 1
28	9 1 7 2 5 1
29	10 2 8 3 2
30	3 5 1 6 2
31	3 8 4 2
32	4 1 7 3 3
33	6 1 1 4 13
34	9 1 3 10
35	12 2 8 2
36	14 8
37	4 3 4 8
38	1 1 1 1 3 2 10
39	2 1 1 1 7 13
40	13 1 5 5 7
41	9 3 1 2 1 3 8
42	2 1 1 1 1 1 1 1 6
43	1 1 1 1 2 2 2 1 4
44	6 5 3 1 2 2
45	15 2 3
46	11 1 2 3
47	9 1 8 1 3
48	6 1 16 2 2
49	5 1 21 2 1
50	32 2

Row clues (left to right, rows 1–40)

Row	Clues
1	50
2	8 27 4 7
3	8 5 20 2 7
4	3 5 4 12 6 2 7
5	3 4 3 12 4 2 7
6	3 3 3 11 4 2 6 1
7	4 3 5 14 3 4 3 1
8	4 2 2 12 5 2 3 1
9	4 3 2 2 4 3 2 3 2
10	4 2 2 1 3 2 3 5 1
11	3 2 4 3 2 2 1 3 2
12	3 2 1 1 1 5 2 2 4
13	3 2 1 1 4 1 2 2 2 2
14	1 3 1 3 1 2 4 2 4 2 2 2
15	1 3 2 2 1 3 4 2 3
16	1 2 4 3 2 3
17	2 1 5 2 4 2 3
18	2 1 2 2 2 1 3 2 5 3
19	4 1 7 2 1 2 2 2 3
20	3 4 2 1 1 2 3 7 3
21	4 4 2 1 1 2 3 5 2 3
22	4 3 3 1 1 3 2 1 2 1 3
23	5 5 2 2 3 4 2 4
24	5 2 1 2 6 4
25	5 3 2 3 4
26	6 2 3 2 2 1 4
27	6 2 4 2 5 2 4
28	7 1 2 1 1 6 3 5
29	8 1 2 10 6
30	6 2 9 3 4
31	8 3 1 2 11 2
32	5 2 2 7 7 1
33	4 3 3 9 11
34	2 4 3 9 9
35	1 3 9 11 1 2
36	2 2 5 3 6 2 2
37	2 2 3 2 5 3 1 6 2 2
38	2 2 5 2 2 1 1 5 3 1
39	2 2 6 2 2 1 5 3
40	3 1 2 14 4 3

D114 귀신을 부르는 주문이에요

난이도 ★★★★★

50×40

열	단서
1	26 11
2	27 8 4
3	33 4
4	30 1 3
5	7 20 1 2 3
6	6 14 2 2 2 4
7	4 11 4 3 2 3
8	3 9 6 5 2 3
9	1 11 2 11 4
10	14 2 3 4 3
11	8 4 1 2 4 3
12	7 3 2 9 3
13	4 2 2 10 3
14	2 4 4 2 5 3
15	2 7 1 1 1 3 2
16	2 2 3 1 1 2 1 2
17	2 2 3 2 2 1 1
18	2 2 3 2 1 3 1
19	2 3 2 1 2 3 2
20	2 3 2 1 1 2 1 5
21	2 8 2 2 2 1 5
22	2 6 3 3 3 4
23	2 1 5 4 1 5
24	2 2 1 3 5
25	2 2 2 7 1
26	2 2 3 3 4
27	3 2 1 2 2 5 7
28	6 2 2 2 2 11
29	4 3 1 2 7 12
30	10 2 1 6 13
31	16 3 1 3 13
32	23 3 1 11
33	21 2 3 2 9
34	21 3 2 8
35	21 3 6 7
36	22 11 6
37	23 8 5
38	25 4
39	27 1
40	29

행	단서
1	9 12
2	8 12
3	8 4 12
4	7 5 12
5	6 3 2 11
6	6 3 2 11
7	5 3 2 11
8	4 3 2 11
9	4 3 2 11
10	5 3 2 11
11	6 3 5 2 10
12	7 3 7 2 10
13	10 2 3 2 10
14	10 2 3 2 10
15	10 2 2 2 10
16	11 2 2 1 10
17	12 3 3 2 9
18	13 3 2 2 9
19	14 6 2 9
20	10 1 4 2 9
21	8 3 2 10
22	7 9 10 5
23	6 1 10 5 4
24	6 1 3 3 3
25	5 2 2 3 3 3
26	5 1 7 2 2
27	4 2 2 2 2
28	3 2 2 2 1
29	8 3 5 2 1
30	3 4 3 3 2
31	3 2 4 5 2
32	3 5 11 3
33	3 7 2 11 3
34	2 3 2 2 2 2 3
35	2 2 2 1 2 1 2 2
36	2 3 2 2 5 2 2
37	1 6 3 1 2 1 3
38	1 13 5 1 1 4
39	2 9 4 2 1 3
40	3 3 2 6
41	4 3 1 5
42	5 3 2 6
43	5 3 2 7
44	5 4 2 9
45	5 2 2 10
46	5 2 11
47	5 2 13
48	4 2 13
49	4 2 13
50	7 15

D115 집에 데려온 뒤로 안 좋은 일이 생겨요

난이도 ★★★★☆

50×50

행	힌트
1	50
2	19 21
3	8 7 8 8
4	8 6 1 1 7 8
5	15 1 1 2 1 1 1 16
6	7 1 2 1 1 1 2 1 1 1 2 1 7
7	7 1 1 1 1 1 2 1 3 1 1 7
8	7 1 1 15 2 1 7
9	7 1 1 15 1 1 7
10	7 1 1 5 6 1 1 7
11	1 5 3 2 3 2 3 3 7
12	1 5 4 2 2 2 1 2 2 4 7
13	1 5 3 2 2 2 1 2 2 4 7
14	1 12 6 1 7 12 1
15	1 5 2 1 3 2 2 5 1
16	1 1 9 2 2 2 2 11 1
17	1 1 3 3 2 6 2 3 5 1
18	1 1 3 4 3 4 2 5 5 1
19	1 1 3 4 6 4 3 3 1 1
20	1 1 3 3 15 7 3 1 1
21	1 1 3 4 3 5 2 5 1 1
22	1 1 3 3 2 6 10 4 1 1
23	1 1 5 7 6 2 2 2 3 1 1
24	1 1 4 2 2 2 1 4 2 2 1 1
25	1 1 4 1 5 1 3 5 2 1 1
26	1 1 4 4 4 2 3 1 2 1 1
27	1 1 4 2 1 1 1 1 1 2 1 1
28	1 1 4 2 6 5 1 2 2 2 1 1
29	1 1 5 2 13 1 1 2 3 1 1
30	1 1 5 2 1 5 2 8 3 1 1
31	1 1 6 3 2 3 4 5 4 1 1
32	1 1 3 10 1 1 8 1 1
33	1 1 3 5 1 3 2 3 5 1
34	1 5 2 1 7 2 5 1
35	1 5 2 1 2 2 1 2 5 1
36	1 5 2 11 1 2 2 5 1
37	1 5 2 13 1 1 5 1
38	1 5 2 9 3 2 5 1
39	1 5 2 1 1 7 2 5 1
40	1 5 2 1 1 7 2 5 1
41	1 5 4 2 2 3 1 3 5 1
42	1 7 1 2 2 1 1 1 8 1
43	7 3 1 1 1 1 2 5 1
44	6 2 1 1 1 2 1 3 6
45	5 2 8 1 1 8 2 4
46	4 2 1 1 2 1 1 2 2 3
47	4 2 1 1 1 2 1 1 1 2 2 3
48	3 2 1 1 1 2 1 1 1 1 2 2
49	2 1 2 2 1 2 2 2 1
50	2 1 4 4 1 1

열	힌트
1	50
2	10 8
3	48
4	15 14
5	45
6	44
7	43
8	5 1 1 9 1 4
9	2 1 1 1 2 5 2 4
10	2 1 1 1 1 6 1 3
11	5 1 1 2 10 2
12	21 3 2 7
13	5 11 2 1 6 7
14	14 7 8 1 2
15	6 1 2 2 3 2 1 1
16	4 3 1 1 1
17	3 5 1 4 1 1 4
18	2 9 4 2 4 7 1 1
19	2 4 1 8 1 4 7 4
20	1 6 3 5 3 2 3 5
21	1 3 3 4 2 3
22	1 8 1 1 2 1 2 3 4
23	1 2 3 2 1 2 3 3 8
24	1 5 5 2 1 1 3 7
25	1 6 1 2 1 1 4 3
26	1 2 1 2 1 1 3 6
27	1 5 4 2 1 1 3 8
28	1 4 1 2 1 2 2 2 2 6
29	1 6 3 1 4 2 2 1 3 5
30	2 4 3 7 2 8
31	2 7 1 6 6 2 11
32	2 7 6 3 2 2 5 1 1
33	3 8 5 6 1 4
34	4 2 4 2 1 1
35	6 1 2 3 2 1 1
36	8 2 1 4 6 1 2
37	5 7 4 5 2 5
38	5 10 2 2 5
39	20 5 7
40	5 1 1 1 3 12 2
41	2 2 1 1 1 1 8 2 3
42	1 1 1 2 2 2 1 4
43	5 1 1 2 2 2 1 3
44	23 15
45	44
46	44
47	18 13
48	47
49	13 5
50	50

D116 빗자루를 타고 날아요

난이도 ★★★★★

50×50

Column clues (left to right, top to bottom)

Column	Clues
1	3 14 11 4 6
2	5 6 20 10
3	6 9 4 9
4	2 5 4 3 4 2 3
5	2 2 2 2 6 2 3
6	1 3 1 3 5 2 2
7	1 4 3 3 4 2
8	2 2 2 2 2 4
9	3 4 4 3 1 6
10	3 5 4 1 1 8
11	2 2 3 5 4 1 10
12	2 4 1 2 4 2 4 7 2
13	2 4 1 1 3 12 3 7
14	2 1 3 2 14 8 1
15	1 2 1 2 1 14 1 2 7
16	1 1 1 1 1 12 3 4 1
17	1 4 11 14 2
18	2 6 16 7
19	1 8 12 1
20	2 13 8 5 2
21	1 2 11 7 3 2 1
22	1 4 1 9 7 3 2 1
23	13 8 7 2 1
24	6 1 3 6 2 4 7 1
25	1 7 12 4 4 1
26	1 2 10 4 1
27	1 1 9 3 1
28	1 2 6 9 2 1
29	1 3 2 5 6 1
30	1 5 3 1
31	2 4 2 5 4 2
32	1 1 5 4 3 3 1
33	1 3 13 6 2 1
34	1 3 13 5 2
35	1 2 1 17 1
36	1 2 1 1 5 6 1
37	2 4 12 4 2
38	2 1 14 3 2
39	1 8 3 5
40	2 6 5 7
41	2 6 7 8
42	2 14 5
43	8 9 1 2
44	11 9 2 2
45	6 6 10 3 1
46	12 7 2 3 1 1
47	8 4 5 10 1
48	20 3 13
49	14 17 5 1 1 4
50	3 6 21 4 2

Row clues (top to bottom)

Row	Clues
1	4 1 4 2 2 1 1
2	4 6 12 2 3
3	3 6 3 2 3 4 3
4	9 4 2 4 4 2
5	7 2 3 2 8
6	3 4 2 3 3 8
7	1 3 9 2 2 2 5
8	1 3 6 3 10
9	2 3 4 2 1 9
10	2 2 1 2 1 3 8
11	2 1 4 1 1 1 6
12	3 2 1 6 6
13	3 1 2 3 3 2 2 2 3
14	3 2 2 5 2 3 3 5
15	1 3 6 1 2 2 3 4
16	4 7 2 3 6 2 1
17	4 10 3 1 1 2 4 4
18	4 2 9 2 1 1 4 3
19	3 2 2 10 3 3 2 3
20	3 2 3 9 2 5 3 3
21	1 2 5 9 4 3 5 2
22	2 2 6 8 6 3 5 2
23	2 1 8 8 8 6 2
24	2 1 10 5 7 7 2
25	2 12 5 7 7 2
26	2 11 5 6 7 2
27	2 1 11 3 7 2 4 2
28	2 2 14 4 4 3 2
29	2 17 5 3 2 2
30	3 16 1 5 3 2 2
31	3 6 2 2 1 1 3 2 2 3
32	3 5 3 2 1 1 3 1 3
33	2 1 2 3 2 2 1 3 3
34	2 1 1 2 2 2 2 1 3 1
35	2 4 3 1 1 1 1 2 1
36	1 3 2 5 2 1 1 2 3 1 1
37	1 2 2 1 2 1 1 1 1 4 2 2
38	8 1 1 1 2 1 1 4 2 3
39	4 6 1 1 2 1 3 1 4
40	3 1 6 2 1 2 2 2 4
41	4 2 4 2 4 2 2 2 2
42	3 5 1 2 5 3 1 2 4
43	5 3 1 1 4 4 1 2 4
44	7 5 1 2 11 3 4
45	3 8 1 2 4 3 5 2
46	3 4 1 1 1 6 4
47	3 4 1 1 1 4 3 4
48	4 4 1 1 3 4 3 5
49	1 3 5 1 2 12 3 2
50	1 2 8 2 2

D117 눈이 마주치면 굳어버려요

난이도 ★★★★☆

55×55

열	단서
1	1 1 2 10
2	1 1 2 1 3 7
3	1 1 2 14
4	1 1 2 9 2 2
5	1 1 2 16
6	1 1 2 1 3 11
7	1 1 2 11 6
8	1 5 1 1 2 16 2
9	1 3 2 2 1 1 2 8 4 1 1
10	3 3 2 1 1 1 2 3 5 9
11	1 1 1 3 1 4 1 1 2 7 3 3 1
12	1 5 3 1 8 2 7 7 1
13	3 5 2 3 2 5 9 4 3
14	1 1 3 2 8 2 2 4 5 1
15	3 4 2 3 3 4 1 4 2 6 1
16	11 2 3 4 1 2 9 3
17	4 5 3 3 4 2 6 6 1
18	2 7 2 3 4 3 9 2 1
19	2 9 5 11 10 1 1
20	8 2 6 9 5 2 1 1
21	7 2 3 1 5 3 4 6 1 3
22	4 1 4 5 5 4 2 2 1 1 2
23	3 4 3 1 4 5 5 1 1 2
24	2 3 2 2 1 1 1 6 3 2 1 3
25	2 4 2 1 2 3 6 3 1 1 1 4
26	2 5 2 1 2 6 2 1 2 1 3 2
27	1 6 1 6 7 2 13
28	5 4 7 6 9 6
29	4 10 2 4 2 4 6 2
30	3 14 10 3 13
31	1 4 3 2 5 2 1 3 1 14
32	3 3 3 5 4 6 1 8 2
33	3 3 2 2 3 8 5 3 4 1
34	3 3 3 2 11 3 10 2
35	1 5 4 3 3 6 2 5 5
36	1 4 3 3 2 3 2 6 1
37	3 3 3 3 1 3 2 9
38	3 3 1 1 4 1 3 2 6 1
39	1 1 1 1 2 1 1 1 1 3 3 2 6
40	3 3 1 3 1 1 10 6 1
41	1 1 1 1 1 1 4 2 9
42	1 1 1 1 1 1 2 2 4 1 1
43	1 1 1 2 8
44	1 1 1 3 2 5 1
45	1 1 3 4 2 3 1
46	1 3 5 9
47	1 1 1 1 1 2 6 2
48	1 5 1 3 10
49	26 1 3 5 4 2 2
50	1 1 1 11 8
51	1 1 1 3 10 1
52	27 1 1 9 6
53	1 1 1 4 6 2
54	1 1 1 5 6
55	1 1 1 8

행	단서
1	4 2 1 4 3 1 1
2	3 4 11 2 1 1
3	6 6 4 2 5 1 1
4	2 4 4 3 4 3 1 1
5	3 3 6 2 6 1 1
6	3 2 2 5 3 3 1 1
7	2 2 3 12 3 1 1
8	4 7 1 11 4 1 1
9	3 5 7 3 3 1 1
10	8 5 6 1 1
11	2 9 4 2 2 1 1
12	5 5 3 4 2 1 1
13	7 3 1 7 1 1
14	9 2 3 3 3 1 1
15	3 2 4 4 3 2 1 1
16	2 2 2 12 1 1
17	3 2 2 4 4 7 1 1
18	1 16 6 1 1
19	1 8 1 8 3 1 1
20	2 2 5 3 4 2 3 1 1
21	3 1 2 6 8 1 1
22	1 2 1 1 1 5 1 1
23	5 2 3 1 1 1
24	5 1 1 1 2 1 1
25	1 3 1 2 1 2 1 1
26	12 5 1 5 2 20
27	1 1 19 4
28	1 1 13 6 3
29	12 18 10 8
30	2 12 2 2 3
31	1 3 5 1 2 2 1 1
32	1 3 5 1 11
33	14 5 6 8 1
34	21 2 2 1 5
35	2 1 2 2 1 1
36	5 1 3 6 6
37	10 1 2 2 6 7
38	3 9 2 2 2 1 3 2 7
39	8 3 3 1 4 4 1 1 2 3
40	1 16 3 1 2 1 2 1 1 2 7
41	15 7 2 7 4 1 3 2
42	5 8 5 2 6 2 2 3 6
43	10 10 2 10 2 4 1
44	1 6 1 1 14 6 7
45	8 1 1 1 2 3 9 2 5
46	9 1 1 4 1 6 5 5 3
47	3 2 5 1 4 1 11 7 11
48	10 8 4 1 6 13 3 1
49	17 1 5 1 4 5 9
50	2 4 8 2 11 16 2
51	12 1 1 3 3 3 7 6 1 1
52	4 1 1 1 1 7 3 1 8 1 3
53	3 1 2 2 4 2 4 4 1 1 1 1 3
54	3 1 1 8 3 1 1 4
55	17 9

D118 보름달이 뜨면 변신해요

난이도 ★★★★★

55×55

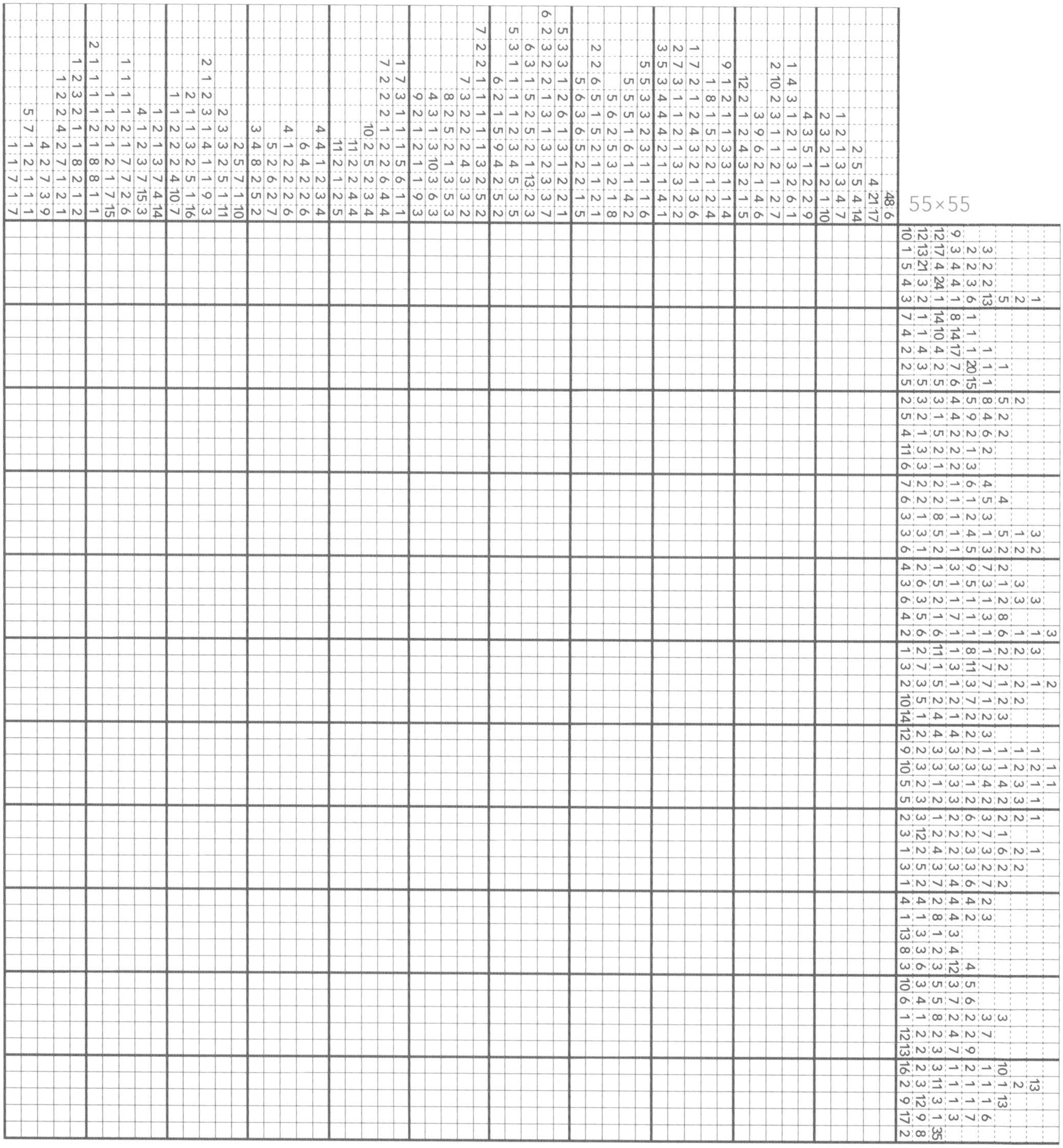

열	힌트
1	1 1 7 1 7
2	5 7 1 2 1 1 1
3	4 2 7 3 9
4	1 2 2 4 2 7 1 2 1
5	1 2 3 2 1 1 8 2 1 2
6	2 1 1 1 1 2 1 8 8 1 1
7	1 1 2 1 2 1 7 15
8	1 1 1 1 2 1 7 7 2 6
9	4 1 2 3 7 15 3
10	1 2 1 3 7 4 14
11	1 1 2 2 2 4 10 7
12	2 1 1 3 2 5 1 16
13	2 1 2 3 1 4 1 1 9 3
14	2 3 3 2 5 1 11
15	2 5 7 1 10
16	3 4 8 2 5 2
17	5 2 6 2 7
18	4 1 2 2 2 6
19	6 4 2 2 6
20	4 4 1 2 3 4
21	11 2 1 2 5
22	11 2 2 4 4
23	10 2 5 2 3 4
24	7 2 2 2 1 2 2 6 4 4
25	1 7 3 1 1 1 5 6 1 1
26	9 2 1 2 1 1 9 3
27	4 3 1 3 10 3 6 3
28	8 2 5 2 1 3 5 3
29	7 3 2 2 2 4 3 3 2
30	7 2 2 1 1 1 1 1 3 2 5 2
31	6 2 1 5 9 4 2 5 2
32	5 3 1 1 1 1 2 3 4 5 3 5
33	6 3 1 5 2 5 2 1 13 2 3
34	6 2 3 2 1 3 1 3 2 3 3 7
35	5 3 3 1 2 6 1 3 1 2 2 1
36	5 6 3 6 5 2 2 1 5
37	2 2 6 5 1 5 2 1 1 2 1
38	5 6 2 5 3 2 1 8
39	5 5 5 1 6 1 1 4 2
40	5 5 3 3 2 3 1 1 1 6
41	3 5 3 4 4 4 2 1 1 4 1
42	2 7 3 1 1 2 1 3 3 2 2
43	1 7 2 1 2 4 3 2 1 3 6
44	1 8 1 5 2 2 1 2 4
45	9 1 2 1 1 3 3 1 1 4
46	12 2 1 2 4 3 2 1 5
47	3 9 6 2 1 4 6
48	2 10 2 3 1 1 2 1 2 7
49	1 4 3 1 2 1 3 2 6 1
50	4 3 5 1 2 2 9
51	2 3 2 1 2 1 10
52	1 2 1 3 3 4 7
53	2 5 5 4 14
54	4 21 17
55	48 6

행	힌트
1	10 12 12 9
2	1 13 17 3 2 3
3	5 21 4 4 2 2
4	4 3 24 4 3 2
5	3 2 1 1 6 13 5 2 1
6	7 1 14 8 1
7	4 1 10 14 1
8	2 4 4 17 1 1
9	2 3 2 7 20 1 1
10	5 5 5 6 15 1
11	2 3 3 4 5 8 5 2
12	5 2 1 4 9 4 2
13	4 1 5 2 2 6 2
14	11 3 2 2 1 2
15	6 3 1 2 3
16	7 2 2 1 6 4
17	6 2 2 1 1 5 4
18	3 1 8 1 2 3
19	3 3 5 1 4 1 5 1 3
20	6 1 2 1 5 3 2 2 2
21	4 2 1 3 9 7 2
22	3 6 5 1 5 3 1 3
23	6 3 2 1 1 1 2 3 3
24	4 5 1 7 1 3 8
25	2 6 6 1 1 1 6 1 1 3
26	1 2 11 1 8 1 2 2 3
27	3 7 1 3 11 7 2
28	2 3 5 1 3 7 1 2 1 2
29	10 5 2 2 7 1 2 2
30	14 1 4 1 2 2 3
31	12 2 4 4 2 3
32	9 2 3 3 2 1 1 1 1
33	10 3 3 3 3 3 1 2 2 1
34	5 2 1 3 1 4 4 3 1 1
35	5 3 2 3 2 2 2 3 1
36	2 3 1 2 6 3 2 2 1
37	3 12 2 2 2 7 1
38	1 2 4 2 3 3 6 2 1
39	3 5 3 3 3 2 2 2
40	1 2 7 4 6 7 2
41	4 4 2 4 4 2
42	1 1 8 4 2 3
43	13 3 1 3
44	8 3 2 4
45	3 6 3 12 4
46	10 3 5 3 5
47	6 4 5 7 6
48	1 1 8 2 2 3 3
49	12 2 2 4 2 7
50	13 2 3 7 9
51	16 2 3 1 2 1 10
52	2 3 11 1 1 1 1 2 13
53	9 12 3 1 1 1 13
54	17 9 1 3 7 6
55	2 8 35

D119 지옥의 문을 지켜요

난이도 ★★★★★

50×60

Column clues (columns 1–50, top to bottom)

Column	Clues
1	23 3 6 3 3 10
2	15 6 5 16 8
3	5 8 2 3 3 2 2 7 5 8
4	11 2 3 1 2 2 9 5 8
5	15 1 3 1 1 2 4 2 8
6	9 6 3 2 1 3 7 8
7	1 12 1 3 3 2 4 8 8
8	3 2 4 3 1 3 2 2 3 6 8
9	8 5 2 1 4 7 8
10	4 2 1 1 1 3 1 1 1 3 8
11	4 5 2 1 2 2 1 2 7 8
12	1 3 5 2 1 1 1 9 6
13	2 5 1 2 2 1 2 8 5 2
14	5 7 4 3 2 7 8
15	1 2 1 2 1 5 1 2 1 3 3 5
16	2 5 4 2 6 8 4 3
17	1 2 5 1 7 2 3 5 2 6
18	2 2 2 1 7 4 3 4 5 6 1
19	1 2 4 7 3 3 3 3 2 4 1 1
20	1 3 4 5 4 3 5 4 4 3
21	2 2 6 3 5 9 4 2
22	2 1 3 11 4 4 3 4 3 1
23	2 1 9 5 5 7 2 3
24	1 1 2 8 3 4 3 1 1 2 6 3
25	1 1 2 20 2 1 5 2
26	1 1 2 3 10 1 7 1 1 3 2 3
27	1 2 6 1 4 1 7 1 3 3 3
28	4 2 6 1 15 1 2 3 4
29	4 4 3 1 6 1 4 2 1 1 4
30	1 2 5 2 2 6 4 1 2 3 3
31	5 2 1 1 3 4 3 6 2 2 2 4 1
32	4 4 1 3 6 4 4 1 7 1 1 2
33	1 7 2 1 2 3 1 2 5 3 9 3
34	1 1 2 1 2 1 7 1 3 13 2 4
35	2 2 1 1 2 10 4 11 5
36	2 3 1 1 2 2 7 1 13 8
37	9 1 2 1 5 3 1 3 4 8
38	6 2 2 1 2 4 2 8 3 4
39	7 2 1 3 4 6 1 4 2 2 4
40	3 3 2 1 2 3 4 1 2 5 2 1 5
41	7 2 1 2 2 3 1 5 3 3 2 1
42	6 1 2 1 2 2 4 2 3 2 8
43	6 2 3 4 3 3 1 10
44	5 1 4 1 2 3 1 3 2 4 1
45	4 9 2 1 2 4 4 4 5 2
46	1 2 4 2 7 7 9 6
47	5 3 6 2 2 4 5 7 1
48	12 1 2 8 2 3 1
49	14 7 3 2 7 5
50	6 3 2 5 3 3 25

Row clues (rows 1–60, left to right)

Row	Clues
1	12 13 6 10
2	6 4 1 3 3 2 11 4
3	11 4 8 14
4	7 3 2 8 5 10
5	9 1 1 4 3 10 4
6	2 7 2 5 5 8 3
7	7 2 2 3 5 3 1 3 2 3
8	9 5 5 3 3 4 2
9	8 5 4 5 3 3 2 3
10	5 2 1 2 1 3 2 3 3
11	9 1 7 3 2 3 3 4
12	3 3 1 4 7 6 7 4 3
13	9 1 4 4 3 4 4 1 2
14	9 1 4 2 1 3 1 3
15	2 2 2 2 3 1 2
16	1 2 2 5 1 3 4 5 3 1
17	5 3 1 1 1 1 4 2 1
18	2 1 3 3 1 4 4 2 4 3 2
19	3 1 4 2 5 4 4 4 2
20	4 2 2 13 3 2 2 2
21	3 2 3 2 11 4 3 1
22	2 2 1 2 10 2 1 1 2
23	1 2 2 1 12 1 1 3 2 2
24	2 3 4 2 4 2 2 2 4 3 4 2
25	2 3 2 3 3 2 2 2 4 2 2 2
26	3 3 1 2 1 2 9 2 1 2
27	2 1 1 2 6 8 3 1 3
28	3 3 1 4 2 3 7 1 8
29	3 2 2 2 6 6 3 1 2 3 1 1
30	4 4 1 1 1 4 2 3 1 2 1 3
31	1 3 7 3 5 4
32	2 5 5 9 9 7
33	3 4 4 10 1 1 1 3 1 3
34	3 2 2 2 1 1 3 6 3 3 4 4
35	2 1 2 3 1 4 1 5 1 4 1 1 3
36	4 1 2 1 4 4 1 4 4 1
37	5 4 2 2 1 5 7 1 1 3 1 1
38	8 4 2 1 3 4 1 1 2 3 1
39	4 10 2 1 2 5 5 3 1
40	7 6 5 2 7 3 2
41	16 4 5 7 3 2
42	8 7 4 3 3 3 2 2
43	2 6 7 4 6 3 2 2
44	3 3 2 8 4 5 3 1 2
45	4 2 1 7 2 3 5 3 1 2
46	3 1 1 4 6 2 5 3 1 2
47	4 2 1 4 1 5 2 3 1
48	3 3 5 4 2 1 1
49	1 1 5 4 3 1
50	3 8 3 1
51	1 1 3 5 3 1
52	1 1 2 1 2 1 1 1 1
53	24 2 3 5 4 1 1
54	23 1 2 4 4 2 1
55	22 3 3 8 1
56	21 3 4 11
57	15 2 5 4 2 2 2 2
58	12 1 5 2 6 5 2 2 2 2
59	11 2 1 2 7 6 2 2 2 2
60	11 2 1 11 7 12

D120 초자연적인 능력을 가진 여우랍니다

난이도 ★★★★★

60×50

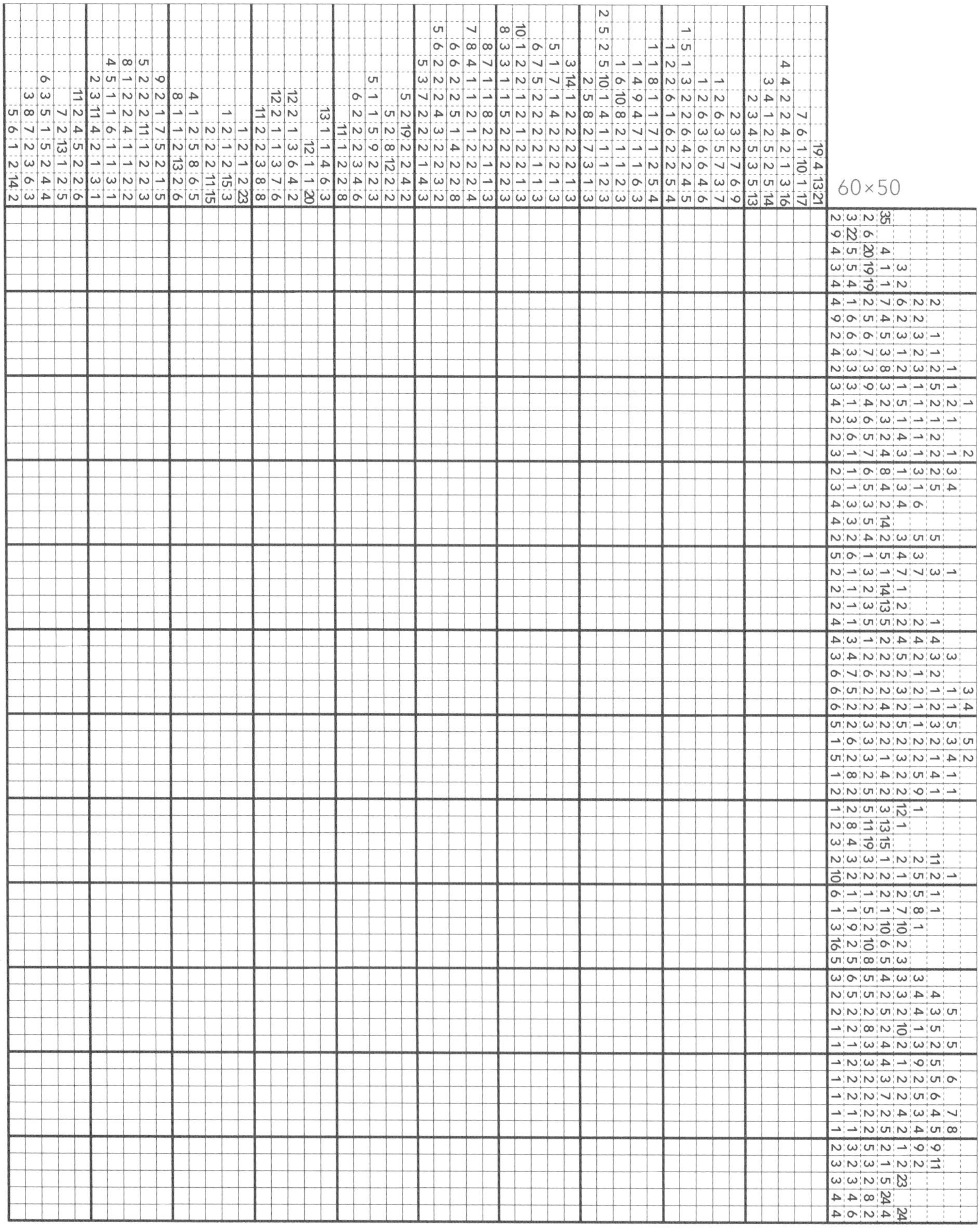

Column	Clues
1	35 2 3 2
2	6 22 9
3	4 20 5 4
4	3 1 19 5 3
5	2 1 19 4 4
6	2 2 6 7 2 1 4
7	2 2 4 5 6 9
8	1 3 3 5 6 6 2
9	1 2 1 3 7 3 4
10	1 2 3 2 8 3 3 2
11	1 5 1 1 3 9 3 3
12	1 2 2 1 5 2 4 1 4
13	1 1 1 1 3 6 3 2
14	2 1 4 2 5 6 2
15	2 1 2 1 3 4 7 1 3
16	3 2 3 1 8 6 1 2
17	4 5 1 3 4 5 1 3
18	6 4 2 3 3 4
19	14 5 3 4
20	5 5 3 2 4 2 2
21	3 4 5 1 6 5
22	1 3 7 7 1 3 1 2
23	1 14 2 1 2
24	2 13 3 1 2
25	1 2 2 5 5 1 4
26	4 4 4 2 1 3 4
27	3 3 2 5 2 2 4 3
28	2 1 2 2 6 7 6
29	3 1 1 2 3 2 2 5 6
30	4 1 2 1 2 4 2 2 6
31	5 3 1 5 2 3 2 5
32	5 3 2 2 2 2 3 6 1
33	2 4 1 2 3 1 3 2 5
34	1 4 5 2 4 2 8 1
35	1 1 9 2 2 5 2 2
36	1 12 3 5 2 1
37	1 13 11 8 2
38	15 19 4 3
39	11 2 2 1 3 3 2
40	1 2 5 1 2 2 2 10
41	1 5 2 2 1 1 6
42	1 8 7 1 5 1 1
43	1 10 10 2 9 3
44	2 6 10 2 16
45	3 5 8 5 5
46	3 3 4 5 6 3
47	4 4 3 2 5 5 2
48	5 3 4 2 5 2 2 2
49	5 1 10 2 8 2 1
50	5 2 3 2 4 3 1 1
51	5 9 1 4 3 2 1
52	6 5 2 2 3 2 2 1
53	6 5 2 7 2 2 1
54	7 4 3 4 2 2 1 1
55	8 5 4 2 5 2 1 1
56	9 9 1 2 5 3 2
57	11 2 2 1 3 2 3
58	23 5 2 3 3
59	24 8 4 4
60	24 4 2 6 4

Row	Clues
1	19 4 13 21
2	7 6 1 10 1 17
3	4 4 2 2 4 2 1 3 16
4	3 4 1 2 5 2 5 14
5	2 3 4 5 3 5 13
6	2 3 2 7 6 9
7	1 2 6 3 5 7 3 7
8	1 2 6 3 6 6 4 6
9	1 5 1 3 2 2 6 4 2 4 5
10	1 2 2 6 1 6 2 2 5 4
11	1 1 8 1 1 7 1 2 5 4
12	1 4 9 4 7 1 1 6 3
13	1 6 10 8 2 1 1 2 3
14	2 5 2 5 10 1 4 1 1 1 2 3
15	2 5 8 2 7 3 1 3
16	3 14 1 2 2 2 2 1 3
17	5 1 7 1 4 2 2 2 1 3
18	6 7 5 2 2 2 2 1 1 3
19	10 1 2 2 1 2 1 2 2 1 3
20	8 3 3 1 1 5 2 2 2 2 3
21	8 7 1 1 8 2 2 1 1 3
22	7 8 4 1 1 2 1 2 2 2 4
23	6 6 2 2 5 1 4 2 2 8
24	5 6 2 2 2 4 3 2 2 3 2
25	5 3 7 2 2 2 1 4 3
26	5 2 19 2 2 4 2
27	5 2 8 12 2 2
28	5 1 1 5 9 2 2 3
29	6 2 2 2 3 4 6
30	11 1 2 2 8
31	13 1 1 4 6 3
32	12 1 1 20
33	12 2 1 3 6 4 2
34	12 2 1 1 3 7 6
35	11 2 2 3 8 8
36	1 2 1 2 23
37	1 2 1 2 15 3
38	2 2 2 11 15
39	4 1 2 5 8 6 5
40	8 1 1 2 13 2 6
41	9 2 1 7 5 2 1 5
42	5 2 2 2 11 1 2 2 3
43	8 1 2 2 4 1 1 2 2
44	4 5 1 1 6 1 1 3 1
45	2 3 11 4 2 1 3 1
46	11 2 4 5 2 2 6
47	7 2 13 1 2 5
48	6 3 5 1 5 2 4 4
49	3 8 7 2 3 6 3
50	5 6 1 2 14 2

N E M O N E M O

L O G I C P L U S

PART A

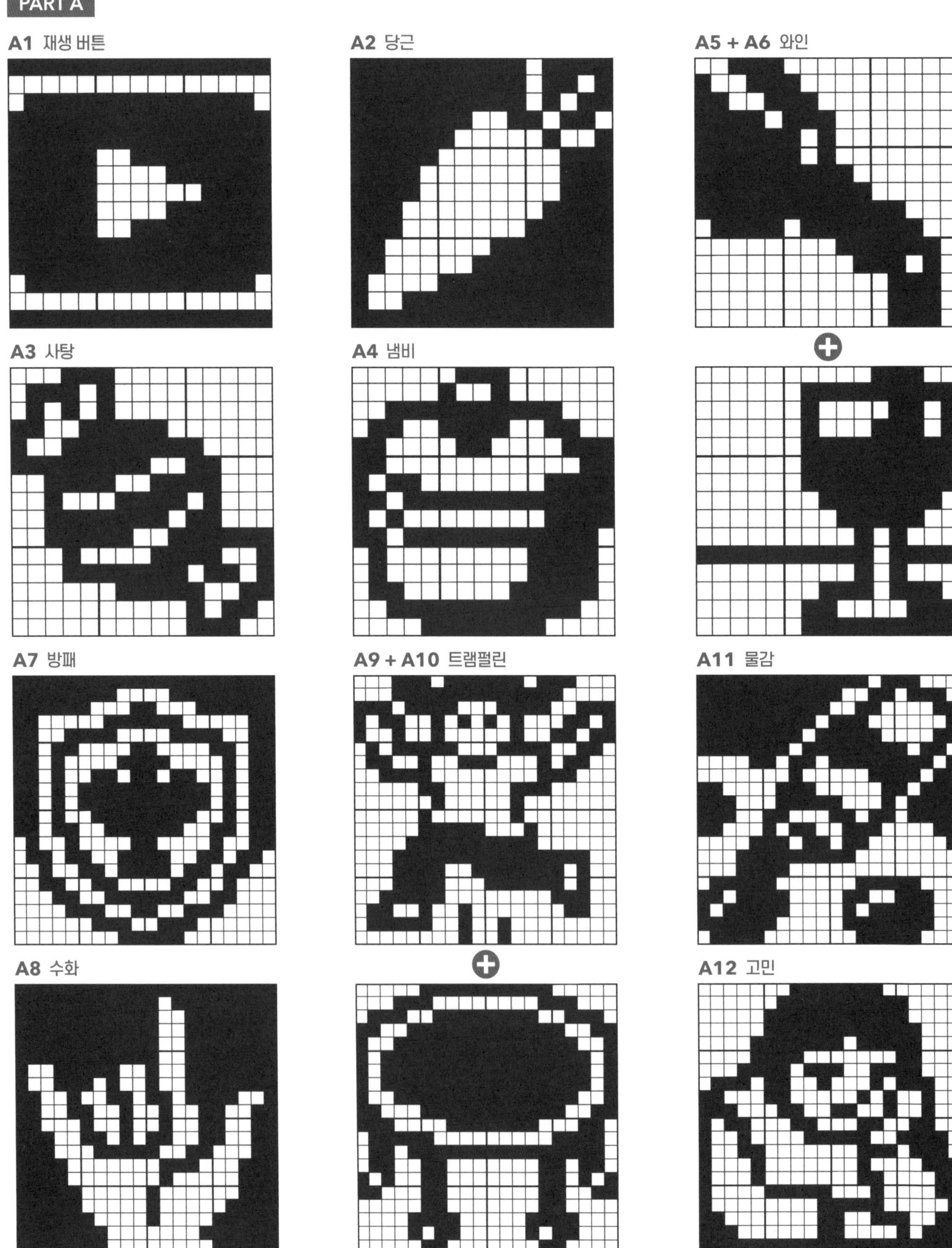
A1 재생 버튼
A2 당근
A5 + A6 와인
A3 사탕
A4 냄비
A7 방패
A9 + A10 트램펄린
A11 물감
A8 수화
A12 고민

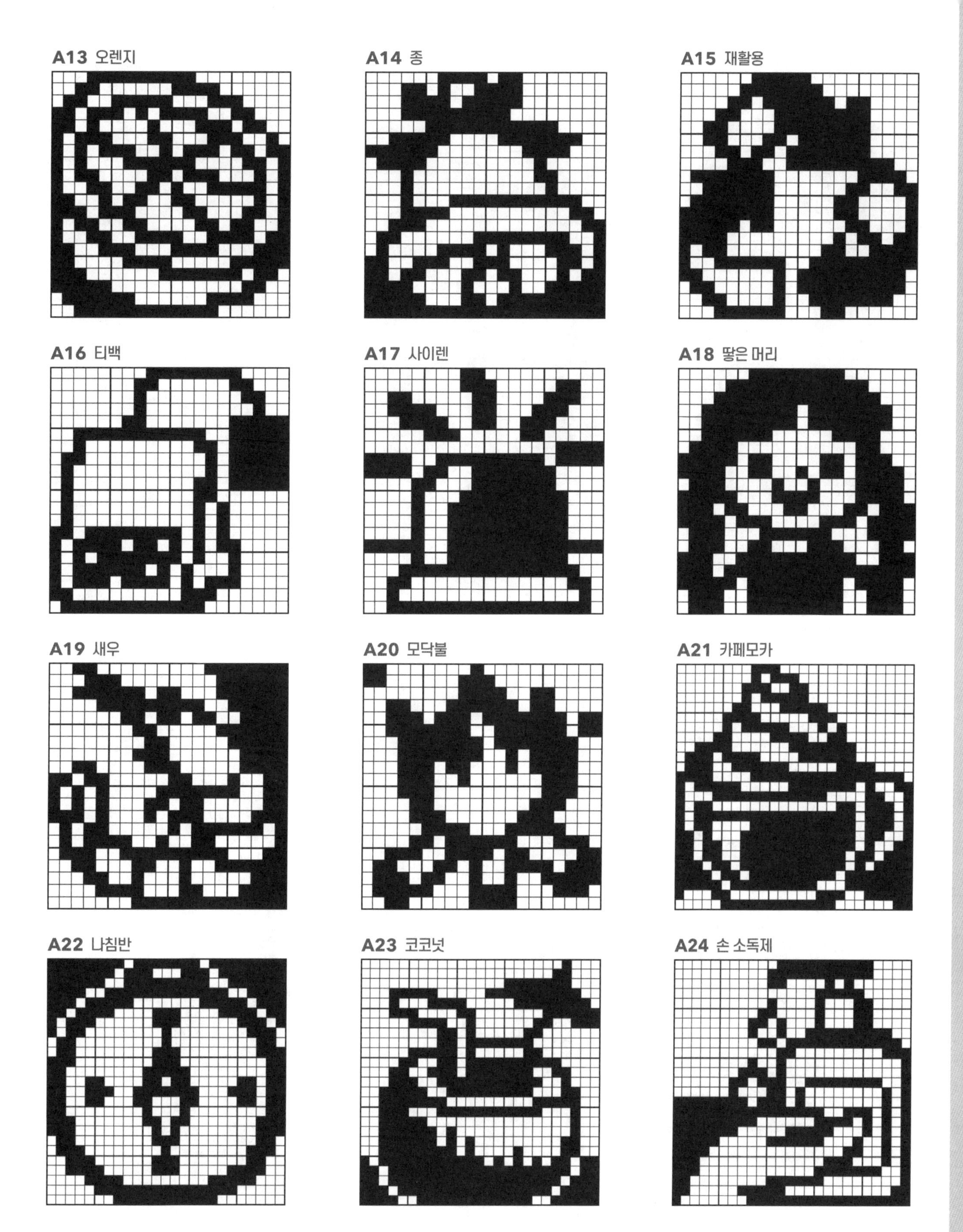
A13 오렌지
A14 종
A15 재활용
A16 티백
A17 사이렌
A18 땋은 머리
A19 새우
A20 모닥불
A21 카페모카
A22 나침반
A23 코코넛
A24 손 소독제

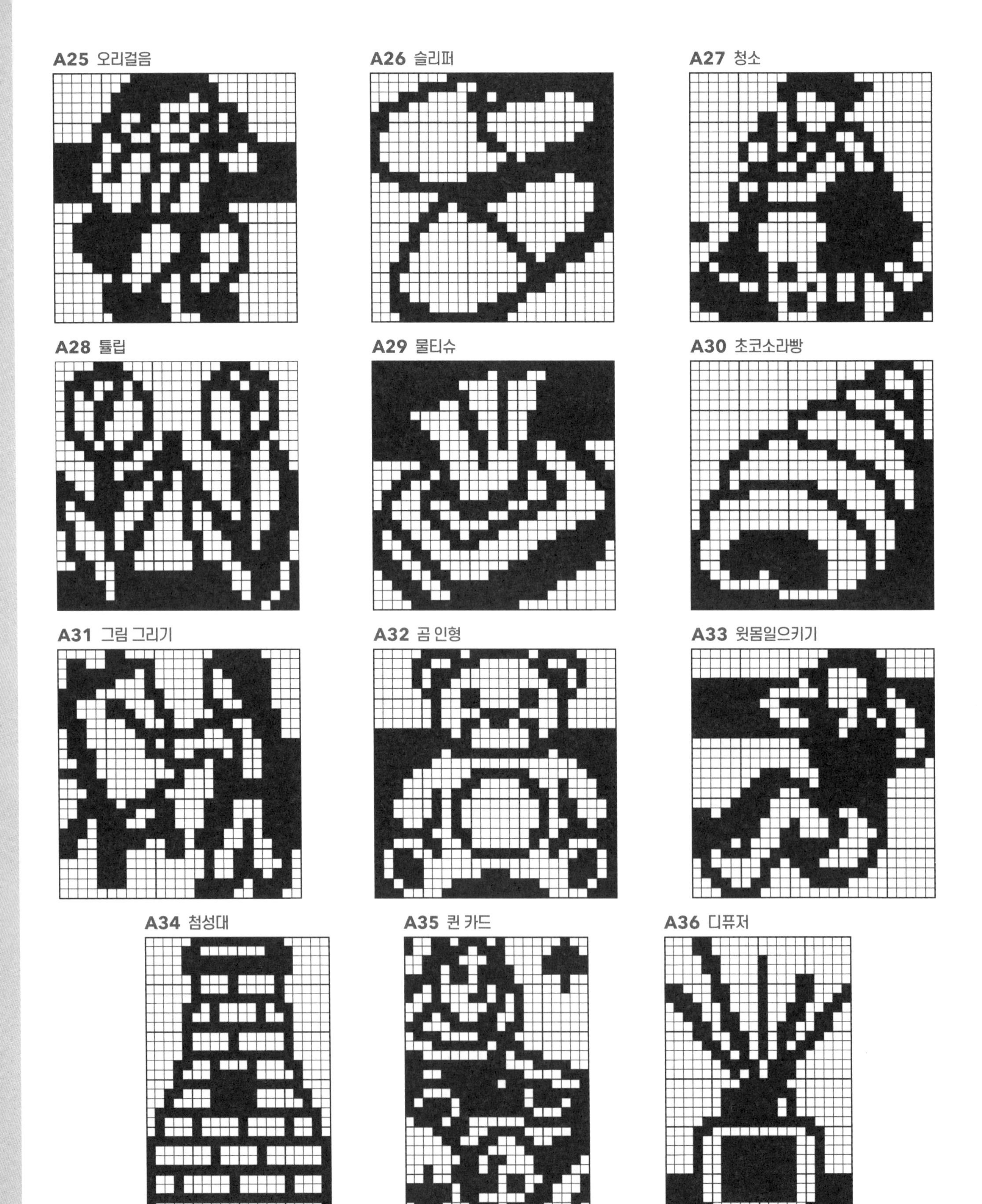
A25 오리걸음
A26 슬리퍼
A27 청소
A28 튤립
A29 물티슈
A30 초코소라빵
A31 그림 그리기
A32 곰 인형
A33 윗몸일으키기
A34 첨성대
A35 퀸 카드
A36 디퓨저

A37 배터리

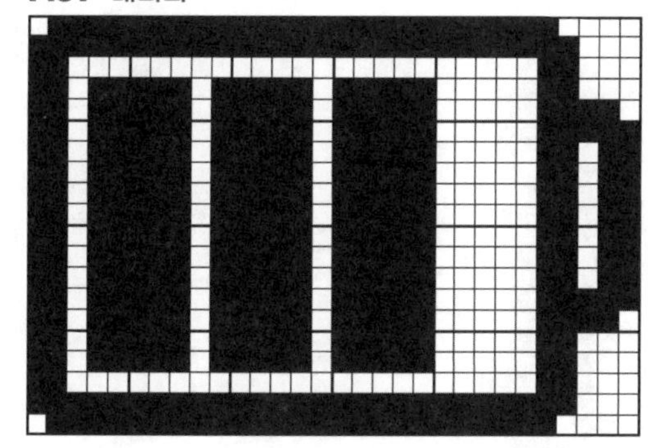

A38 게임패드

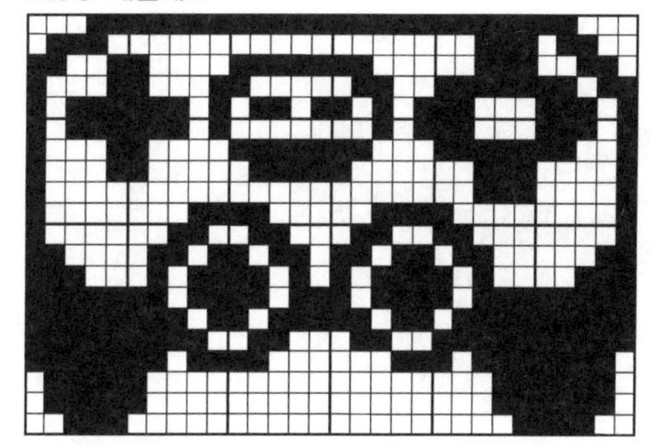

A39 공룡

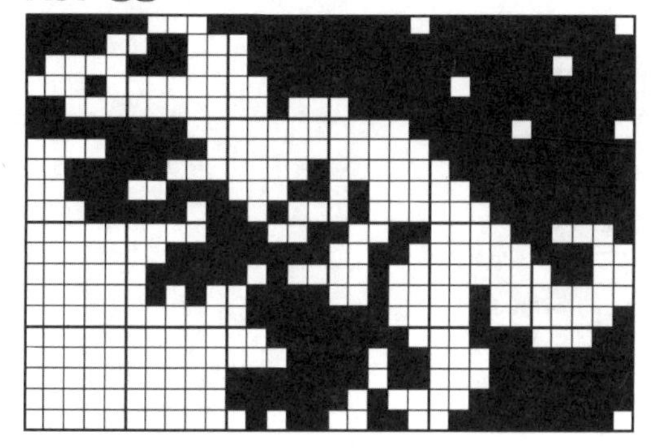

A40 만화 속 고기

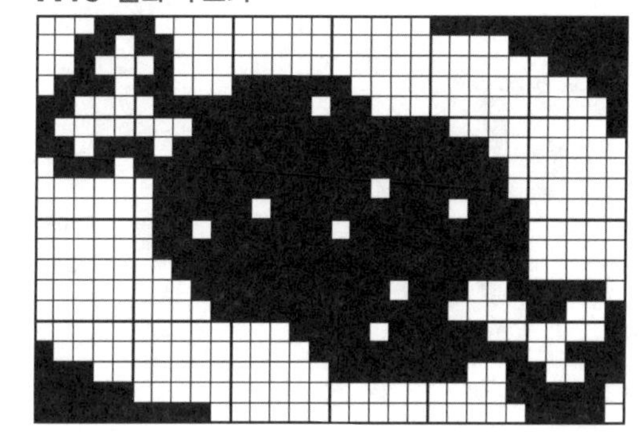

A41 펭귄

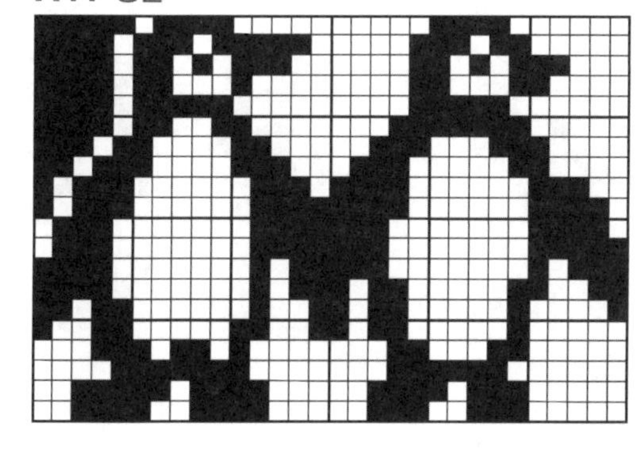

A42 악수

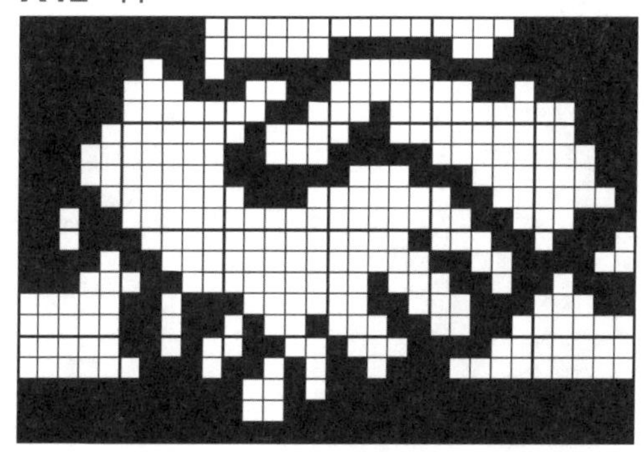

B43 샌드위치

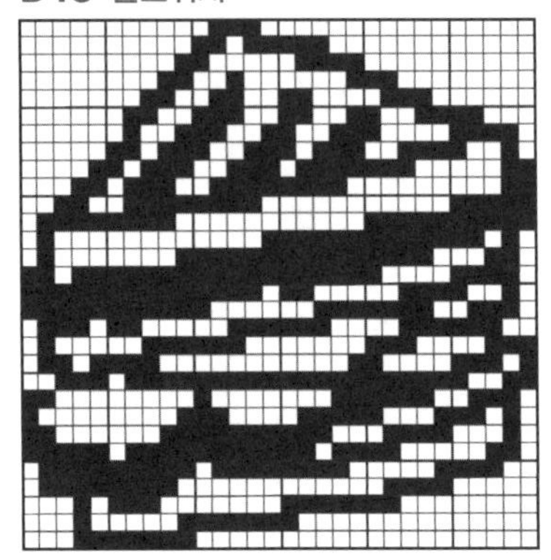

B44 풍선 강아지

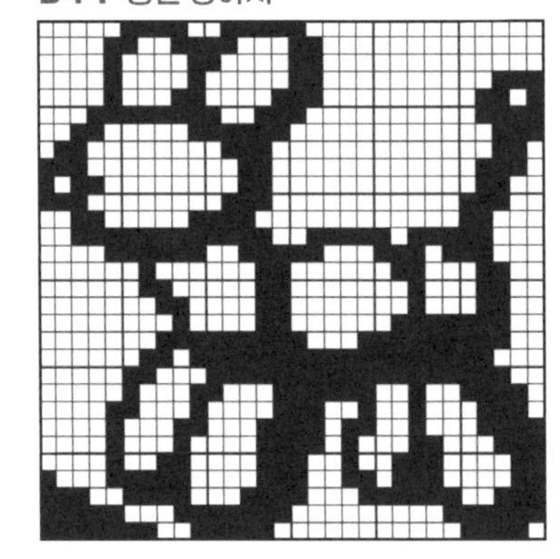

B45 꽃반지

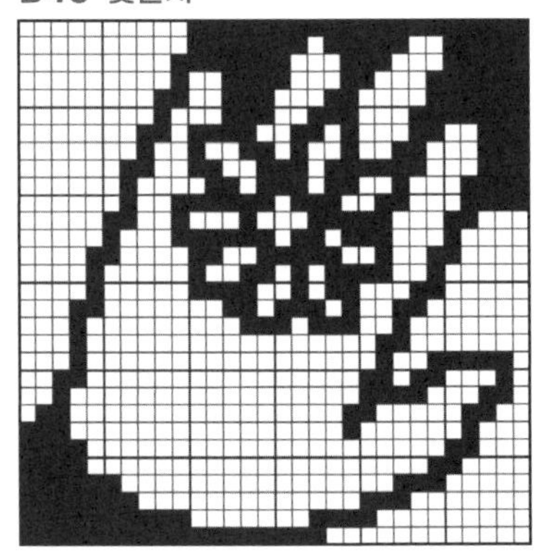

B46 벌집

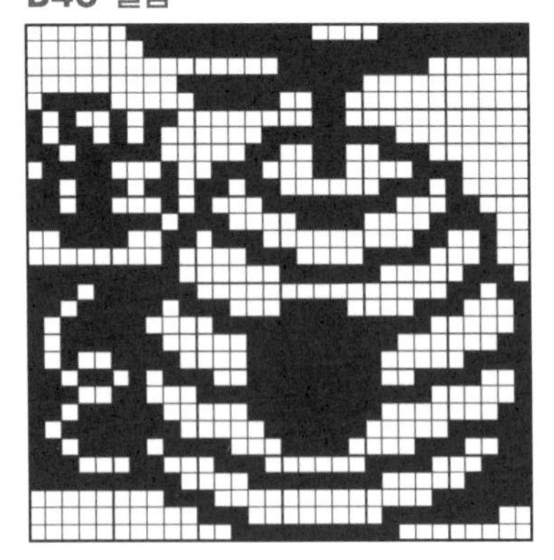

B47 꼬치구이

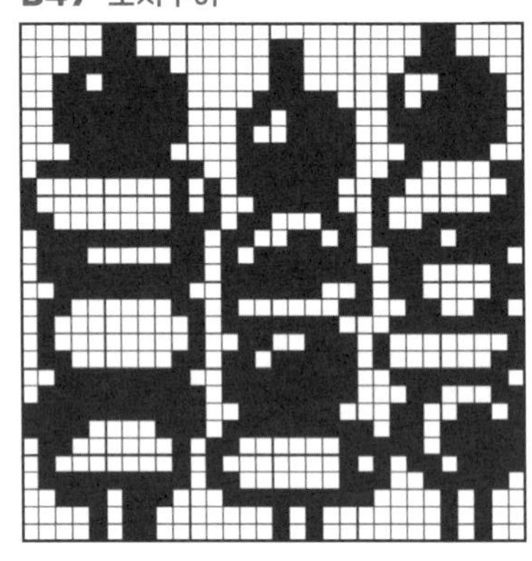

B48 소금 뿌리기

B49 올리브

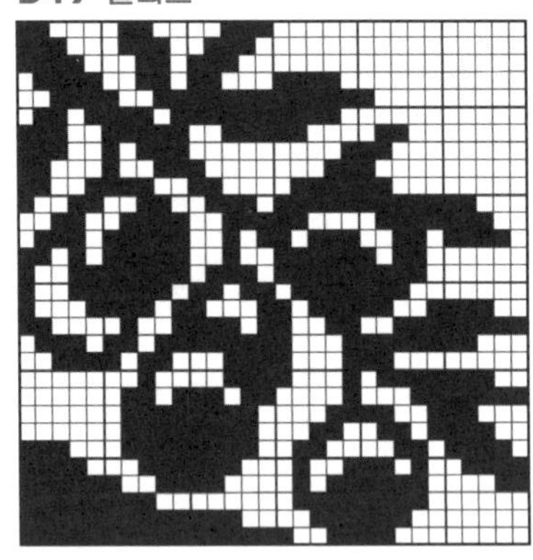

B50 + B51 강아지 산책

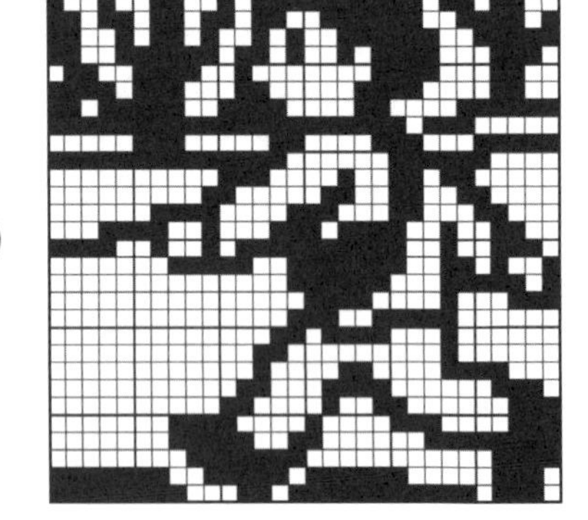

B52 만년필

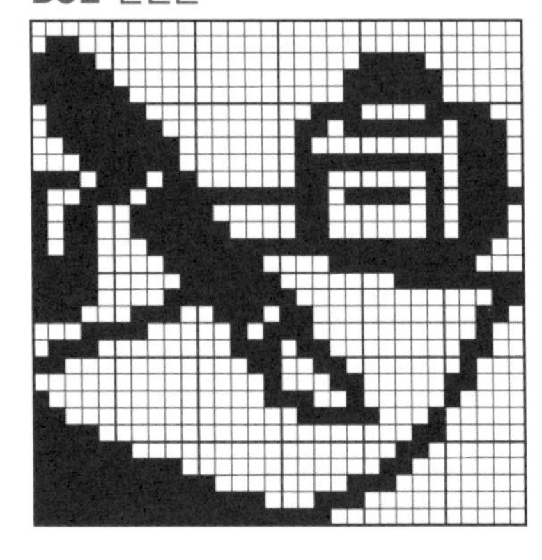

B53 챔피언 벨트

B54 사막여우

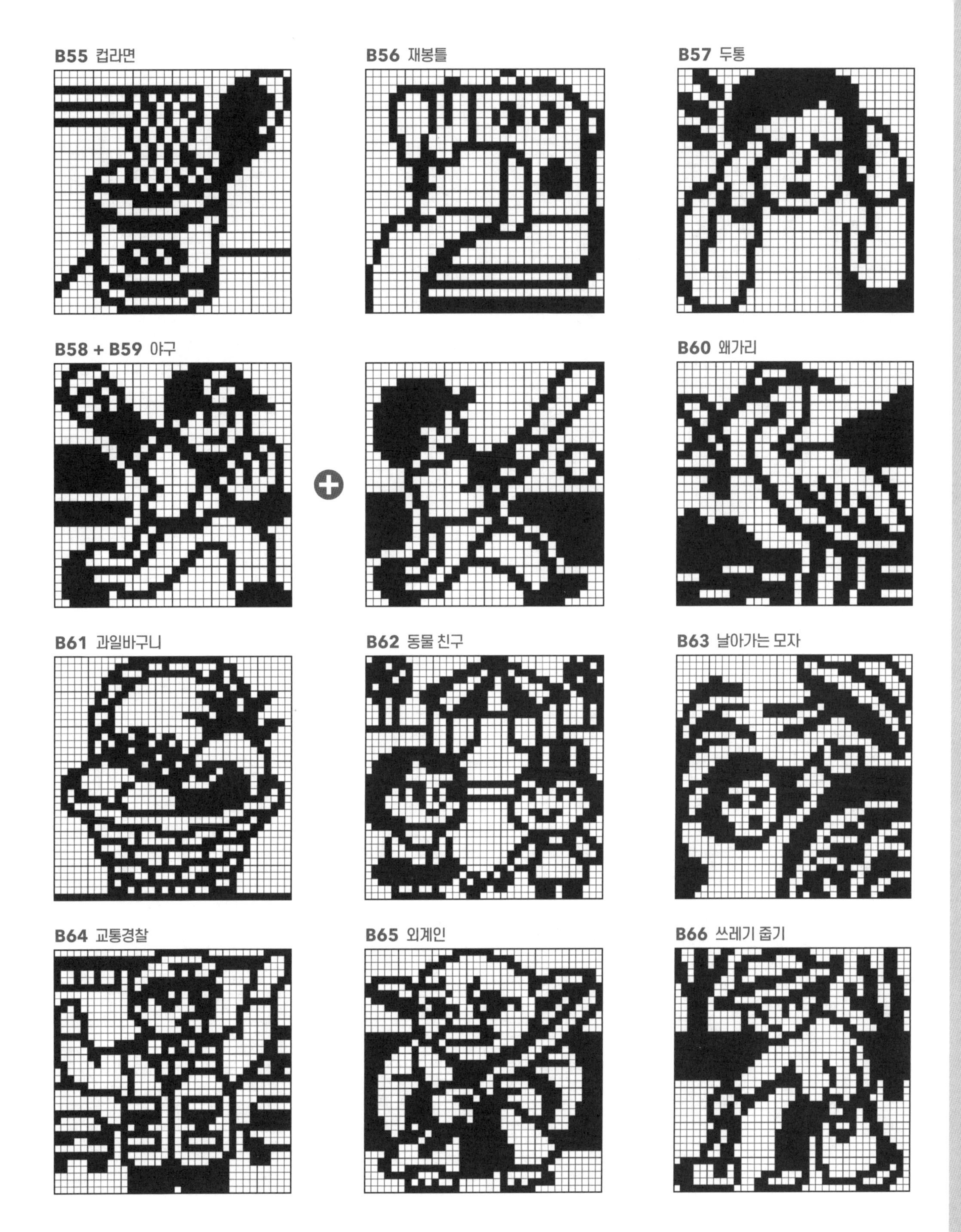
B55 컵라면
B56 재봉틀
B57 두통
B58 + B59 야구
B60 왜가리
B61 과일바구니
B62 동물 친구
B63 날아가는 모자
B64 교통경찰
B65 외계인
B66 쓰레기 줍기

B67 나무 심기

B68 꽃다발

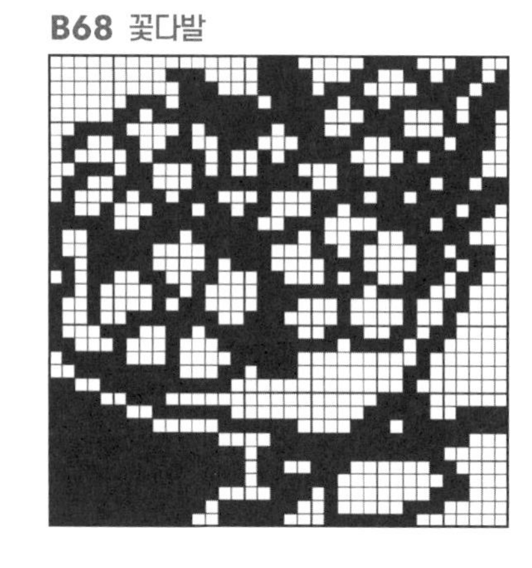

B69 배트맨 놀이

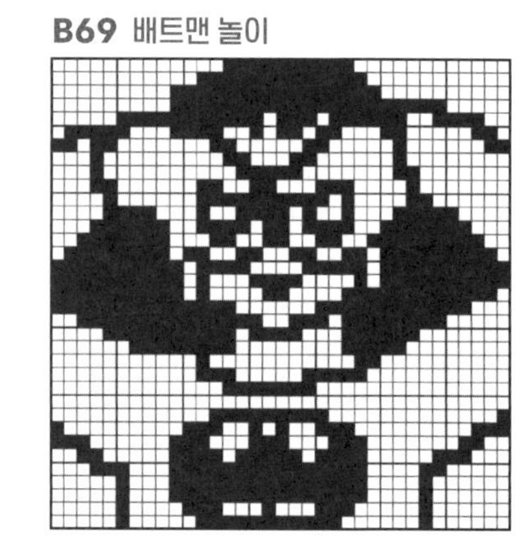

B70 곰과 작은 돼지

B71 놀람

B72 꽃받침

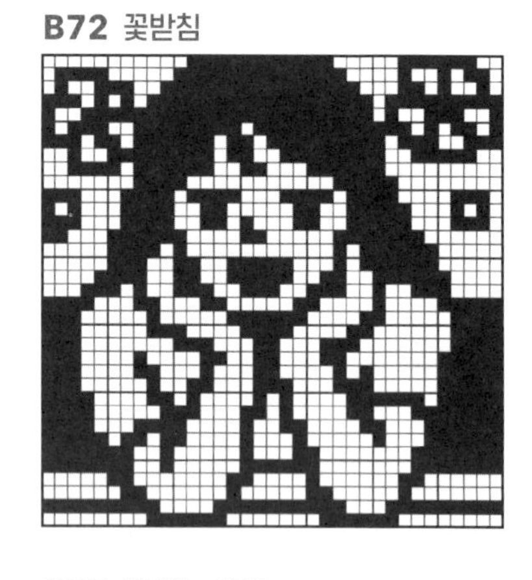

B73 요람

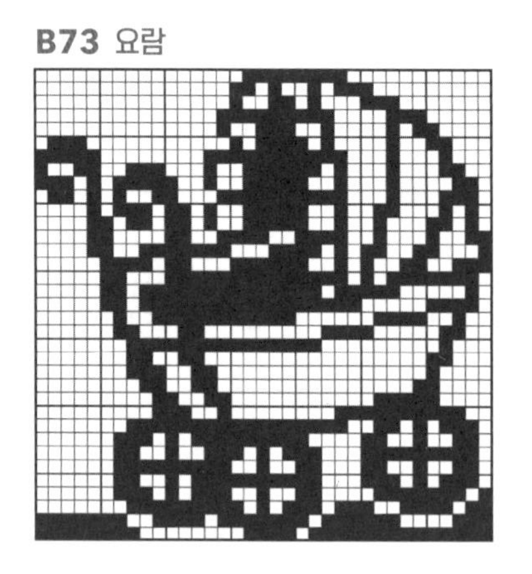

B74 안경원숭이

B75 밥 먹는 아이

B76 손가락 인형

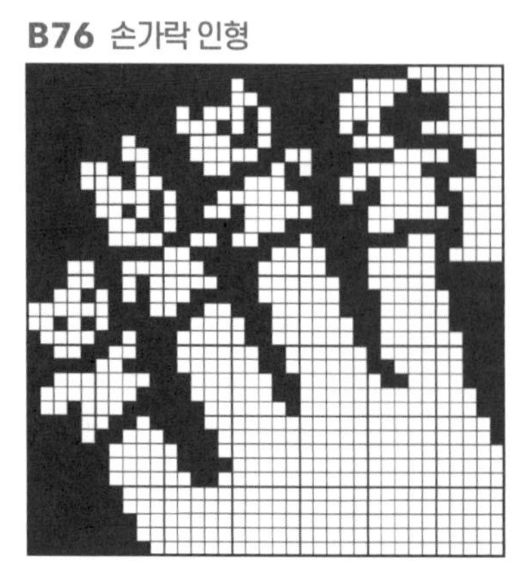

B77 샌드백

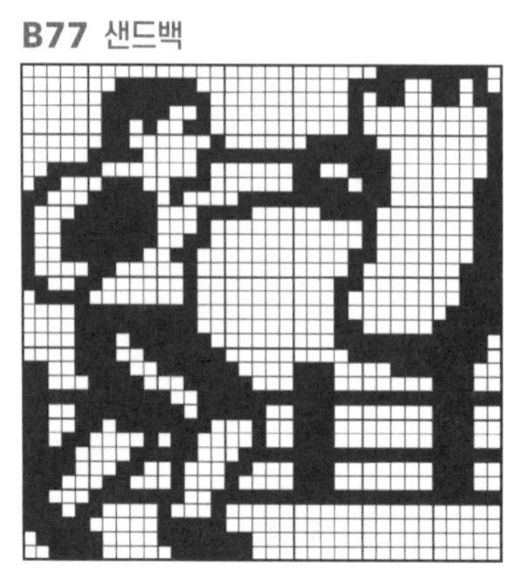

B78 사슴과 토끼

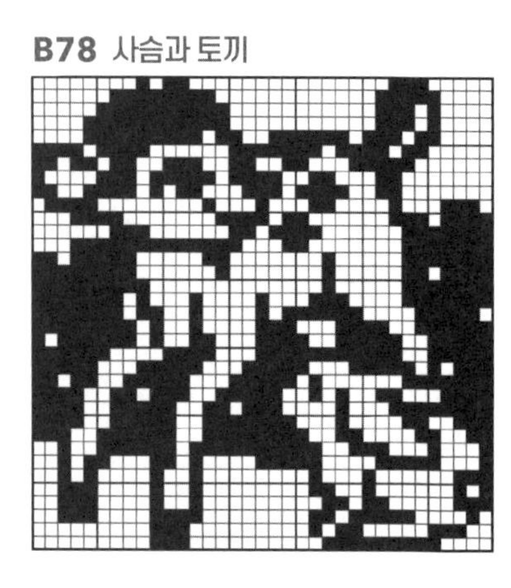

C79 시상식

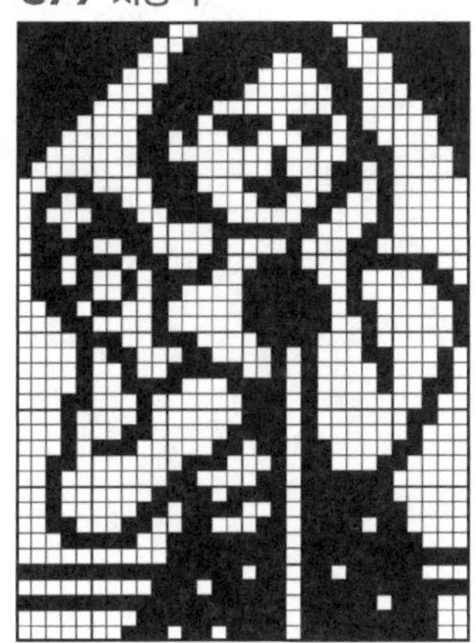

C80 외발자전거

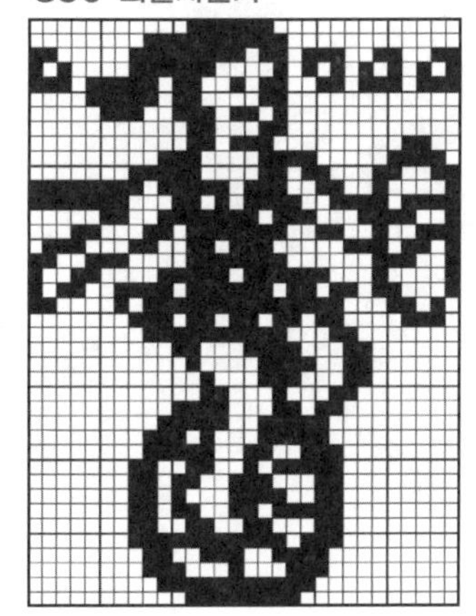

C81 호두까기인형

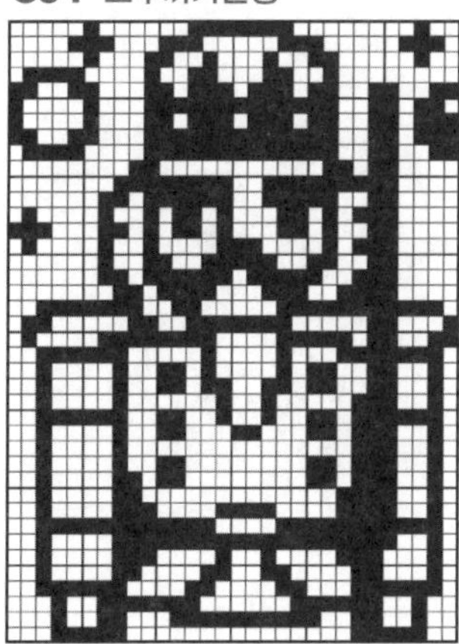

C82 벨루가

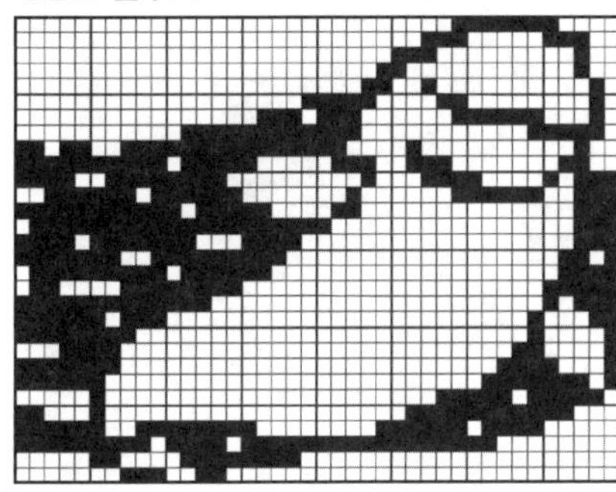

C83 버스정류장

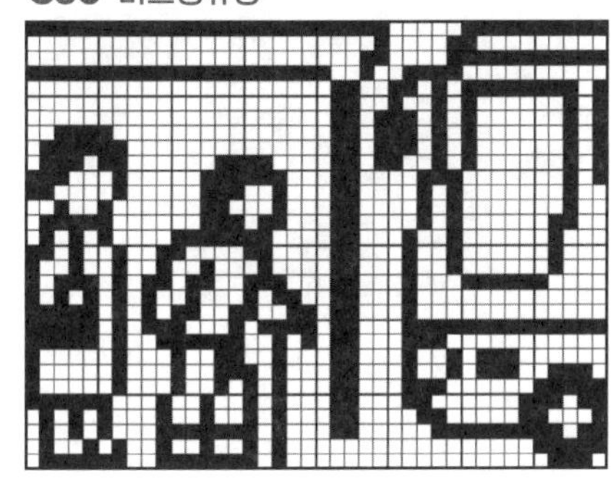

C84 올드카

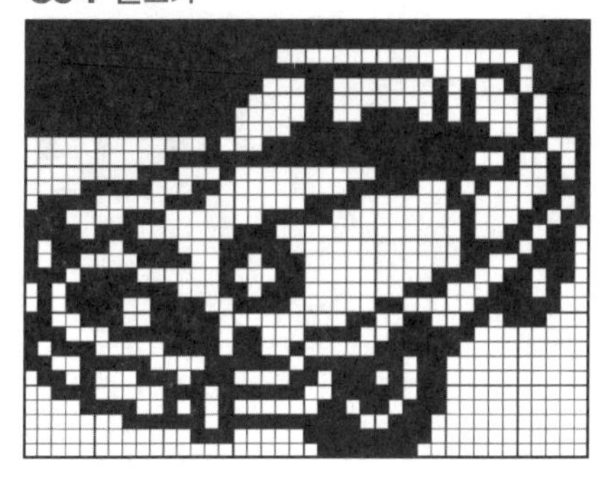

C85 김장

C86 공작

C87 티타임

C88 돌다리

C89 물소

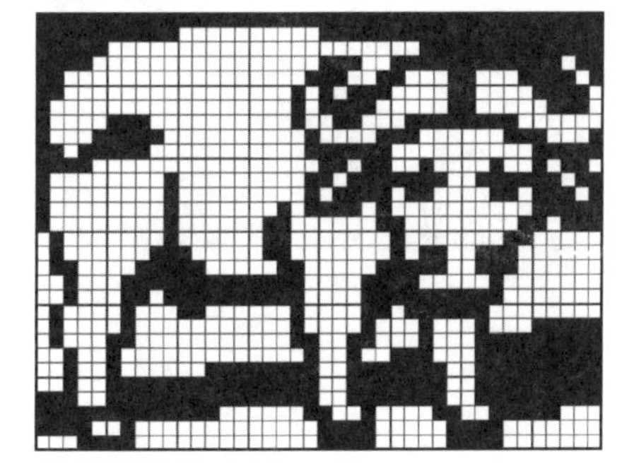

C90 기차놀이

C91 범퍼카

C92 아이돌 저장

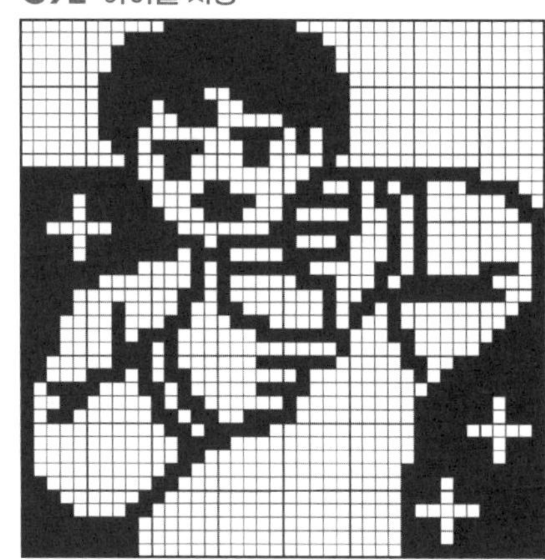

C93 코브라

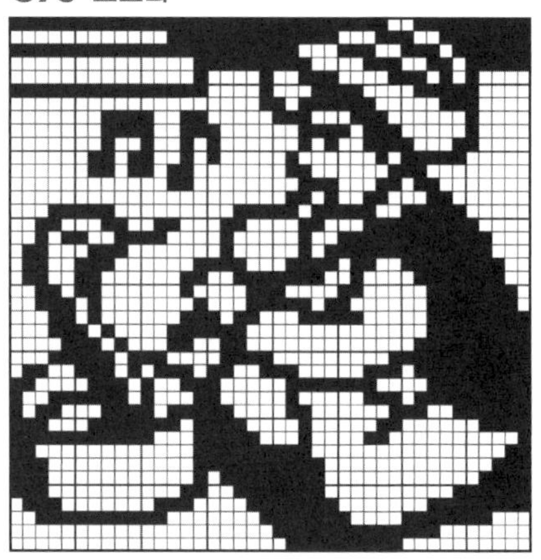

C94 락커

C95 서핑

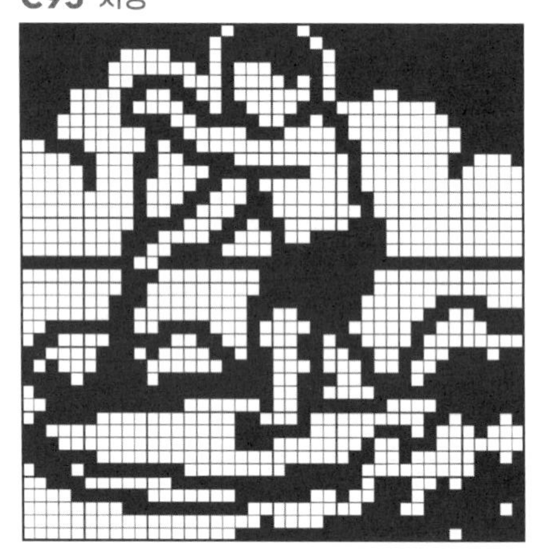

C96 해태

C97 달리기

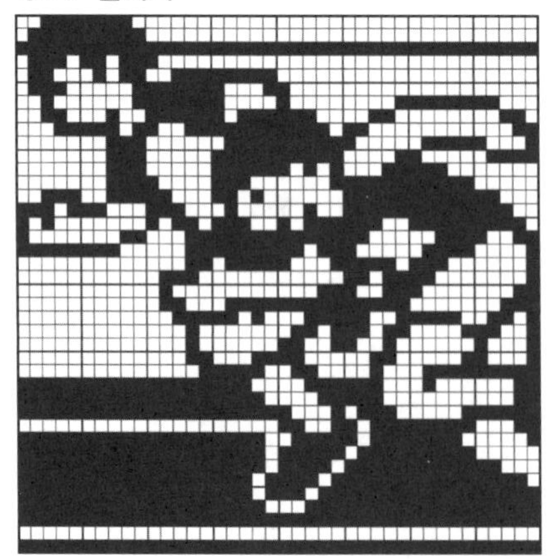

C98 헹가래

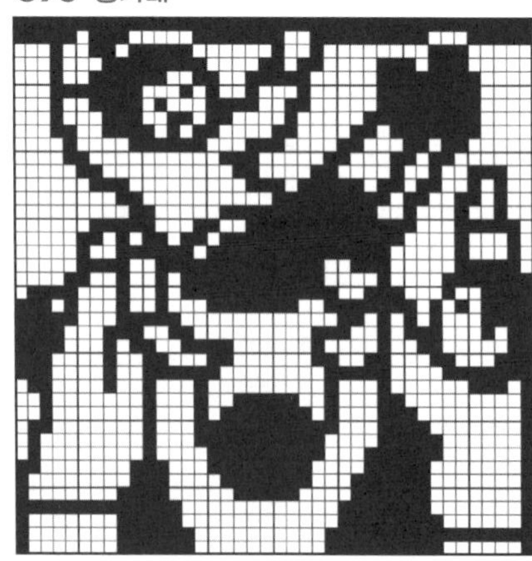

C99 새참

C100 씨름

C101 소방관

C102 문어 마녀

C103 싱크로나이즈드스위밍

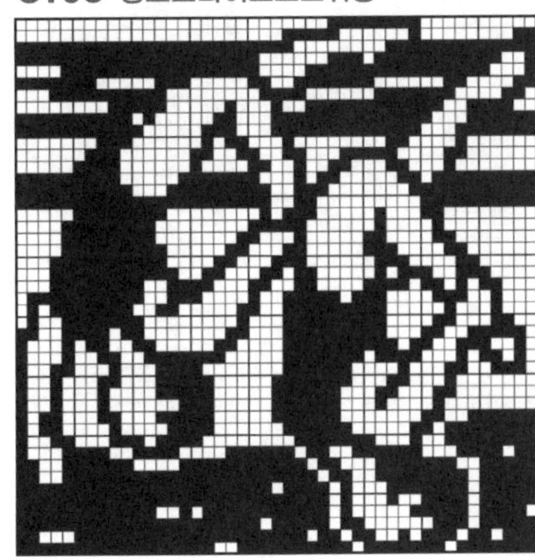

C104 창포물에 머리 감기

C105 별주부전

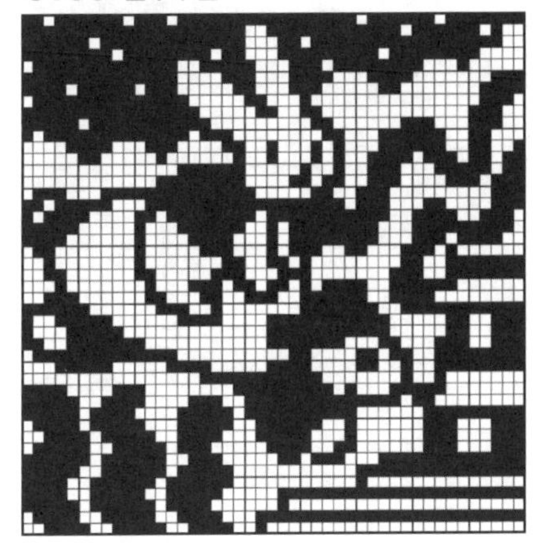

C106 제빵사

C107 모래성 만들기

C108 엄지공주

D109 프랑켄슈타인

D110 피에로

D111 이무기

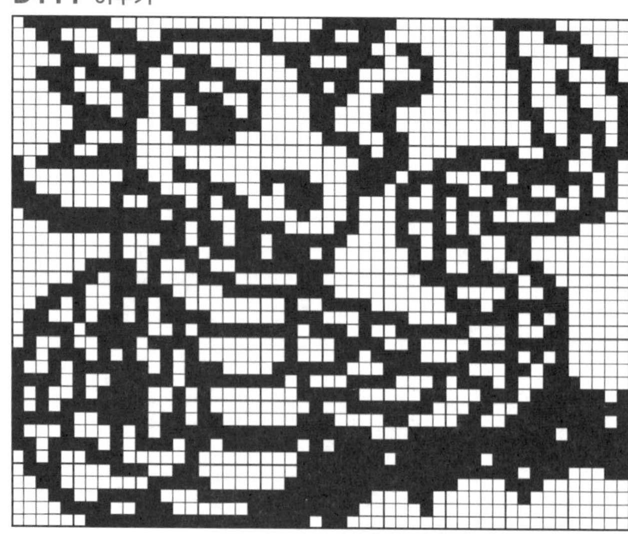

D112 저승사자

D113 눈알 괴물

D114 분신사바

D115 무서운 인형

D116 마녀

D117 메두사

D118 늑대인간

D119 케르베로스

D120 구미호